CHINESE QIANG

中国·羌

羌寨

汶川羌区地震前的最后镜像

徐献 / 著

席永君 / 主编

中国青年出版社

图书在版编目（CIP）数据

羌寨：汶川羌区地震前的最后镜像／徐献著.——北京：中国青年出版社，
2015.1
（中国·羌丛书／席永君主编）
ISBN 978-7-5153-3049-5

Ⅰ．①羌… Ⅱ．①徐… Ⅲ．①羌族—民族文化—汶川县—摄影集
Ⅳ．① K287.4-64

中国版本图书馆 CIP 数据核字（2014）第 300148 号

书　　　名：羌寨：汶川羌区地震前的最后镜像
作　　　者：徐献
主　　　编：席永君
策　　　划：王瑞
责任编辑：庄庸　王昕
特约编辑：张瑞霞
英文翻译：陈莹　夏旭东
装帧设计：杨志青
出版发行：中国青年出版社
社　　　址：北京东四十二条 21 号
邮　　　编：100708
网　　　址：www.cyp.com.cn
门 市 部：(010) 57350370
印　　　刷：北京中科印刷有限公司
经　　　销：新华书店

开　　　本：1/16
印　　　张：26
字　　　数：280 千字
图　　　片：400 幅
版　　　次：2015 年 1 月北京第 1 版第 1 次印刷
印　　　数：1-3000 册
定　　　价：168.00 元

本图书如有印装质量问题，请凭购书发票与质检部联系调换。
联系电话：（010）57350337

羌地绝影

渔阳醉卜

2008 年 7 月，作者在成都举办了由中国文联执行副主席、中国民间文艺家协会主席、国际民间艺术组织（IOV）副主席冯骥才题词的个人摄影展览《羌地绝影——四川汶川羌区地震前生活实录》

一个摄影人以虔诚之心对古老羌区的叩访！

|序|

路上的"羌寨"

文 / 席永君

　　一个摄影人，他的一生似乎注定在路上。路上才有风景，才有人文，才有故事。摄影人可以不必读万卷书，但必须行万里路。

　　摄影人不像作家。作家可以在自己的书房，一边喝咖啡，一边创作；灵感来时，他甚至在洗手间也能写上一段精彩的句子。而摄影人必须坚定地、义无反顾地走出书房，走出客厅，走向丰饶或贫瘠的大地、丰收或荒凉的田野、炊烟袅袅的村庄、繁华的城市、车水马龙的街道……

　　作为摄影人，徐献一直天命般地实践着"行万里路"的古训。而且，他甚至走得更远，从喧嚣的汉地一直深入寂静的羌区。每次都是一个人上路，每次都开着那辆 Jeep，从成都到阿坝州羌人的主要聚居地——汶川、理县和茂县。

　　阿坝州地广人稀，面积八万多平方公里，是成都的七倍；而人口却不足百万，只有成都的十四分之一。徐献熟悉那里的河流与山川，草木与四季。他是有心人。为了有计划地拍摄羌族，他选择了中国四个羌族聚居县之一的汶川，作为主要拍摄地，又以汶川龙溪乡作为主要拍摄点。这样一来，从拍摄之初，"羌寨"作为影像人类学的概念便自然生成了。

　　作为摄影人，徐献的心中有两个偶像：一个是庄学本（1909-1984），一个是奥古斯特·桑德（August sander，1876-1964）。前者是中国影像人类学的拓荒者、纪实摄影大师，后者是被摄影界奉为"使用镜头的巴尔扎克"的德国杰出的影像人类学大师、二十世纪的见证者。

　　偶像的力量是无穷的。在拍摄"羌寨"之初，徐献便决心以两位中外纪实摄影大师为榜样，开始自己的"羌寨"拍摄之旅。他深知大师之路不可重复。二十一世纪的羌寨，既不是桑德当年拍摄的故乡威斯特伍德（Westerwald），也不是庄学本上世纪三四十年代拍摄的"边地民族"，其风貌早已不复存在。

　　庄学本的十年考察，穿越了四川、云南、甘肃、青海四省的广大地区。徐献则希望自己用十年时间，深入一个地方，只拍摄一个民族——羌族。一个人的一生能有多少个十年啊！做出这样的决定，需要怎样的勇气？我在想，如果让我做出这样的决定，我的两鬓或许马上就会生出华发。

就这样，从 2001 年 12 月，一次偶然的机会，徐献"带着相机进入了地处大山深处的理县蒲溪羌寨，不经意间叩开了那片古老的土地"起，十多年来，徐献怀揣着自己的梦想，几乎有些固执地一直把镜头对准羌寨，努力实践自己对影像人类学的理解。他在《拍摄手记》中写道："我试图通过一个具有代表性的原生态羌区的影像纪录，让更多的人了解这个古老民族灿烂的文明。通过一个个朴实的羌民的形象，展现现实场景中羌人朴实勤劳的风采。"

作为多神崇拜的边地民族，从三千年前逐水草而栖，到如今依山谷而居，羌人的生活无疑是朴素的、寂静的，同时也是欢乐的：那温暖的火塘，那细腻的羌绣，那力与美的"布兹拉"（羊皮鼓舞），那将神性植入日常生活的释比……

多年来在羌区，为了让自己的影像尽可能具有艺术与人类学的双重价值，徐献的镜头一直穿越在不同年龄、不同身份与不同性格的羌人之中：绣制羌绣的妇女，上学的孩童，在田间劳动的青年，安享晚年的老人，直通神灵的释比……他的镜头渐渐地攫取到了同一血源里所蕴藏着的精神内涵。那一副副看似不一样的面孔、不一样的眼神、不一样的照相姿势和不一样的画面构图，呈现的是一个民族的精神面貌。

我们看到，在这部《羌寨》影像作品中，有部分家庭合影，甚至是一个村庄人数众多的村民合影。这些犹如交响曲的合影，对于经历了 2008 年"5.12 汶川大地震"的羌人，尤为珍贵。

当然，这种拍摄手法，并非徐献首创。那是桑德开创的全新的肖像摄影方式。这一摄影方式早在当年对故乡威斯特伍德村民的拍摄中，这位"使用镜头的巴尔扎克"就应用了。"我在多年的羌地拍摄生涯中，其中部分影像也采用了这种仪式般的拍摄方式，对羌族家庭做了人文式的拍摄。这种拍摄方式对我而言是发自内心的尊重，尊重被拍摄的羌族朋友，就需要用一种仪式般的礼仪去记录他们。"徐献这样解释他的拍摄手法。可以说，徐献在羌区的影像实践，正是他向桑德与庄学本两位大师的回眸与致敬。

作为摄影人，十多年来，徐献把自己的创作激情和对摄影的热爱全部献给了"云朵上的民族"——羌族。如今，他仍然在路上。我不知道他还将遭遇怎样的风景，感受怎样的人文，将为我们讲述怎样的故事？作为徐献多年的朋友和本书的主编，我深信，他未来的影像会同样精彩。

2014 年 11 月 26 日，于成都。

| The preface |

The "QiangZhai" on the road

Xi YongJun

A photographer,it seems to be doomed on the road in his life. Just only on the road,there are good scenery, humanities and stories. Photography can not be required reading thousands of books, but must be travelling thousands of miles.

Photographer don't like a writer. Writer can write while drinking coffee in his study. Inspiration is coming, he ban even write a wonderful sentence in the bathroom. But photographer must be firmly and resolutely walk out of the study, out of the sitting room, to the rich or poor, harvest or desolate field, to the village by earth smoke curled up ,to the prosperous city, to the noisy street⋯⋯

As a photographer, Xu Xian always practice the old adage " Traveling thousands of miles "as if it is his destiny. Moreover, he even went further, from the hustle and bustle of Han area to noiseless Qiang area. Every time he set out alone, every time his partner is a jeep, from Chengdu to Aba Qiang people's main settlement——Wenchuan,Lixian and Maoxian.

Aba prefecture is vast and sparsely, populated area of more than eighty thousand square kilometers, is the Chengdu seven times; but the population is less than millions, only one over fourteen of Chengdu. Xu Xian are familiar with mountains and rivers of there, plants and the four seasons. He is a man who willing. In order to photograph Qiang systematically, he chosed the Wenchuan the Qiang habitation as the main location and Longxi township in Wenchuan as the main point. As a result, from the beginning of the shooting, the concept of the image as the QiangZhai anthropology is naturally produced.

As a photographer, Xu Xian has two idols: one is the ZhuangXueBen (1909-1984), one is the August sander (August sander, 1876-1964). The former was a pioneer of Chinese images of anthropology, documentary photography masters. The latter is " Balzac who use lens " Germany outstanding image master of anthropology、the witness of the twentieth century , he had been lionised as "use lens Balzac".

The power of idols is infinite. At the beginning of shooting "QiangZhai", Xu Xian is determined by both the Chinese and foreign documentary photography masters for example, started his "QiangZhai" shooting trip. He knew that the road of master are not repeatable. The 21st century QiangZhai, neither Westwood by Thornton was taken nor " border area nation" by ZhuangXue shot in the thirties last century, its style have passed out of existence.

Decade of ZhuangXue, through the four provinces of Sichuan, Yunnan, Gansu, Qinghai area. Xu Xian wants to gain further insight into just only one place by ten years, only to shoot one nation -- Qiang. A person's whole life can have how many ten years? To make such a decision, need what kind of courage? I'm thinking, if let me make such a decision, I would grow a lot of white hair at the temples immediately.

In this way, from December 2001, accidentally, Xu Xian went into QiangZhai is located lixianPuxi in the depths of the mountains with my camera , inadvertently knock on the ancient land. More than a decade, Xu Xian with his dreams, almost some stubbornly focused on QiangZhai with camera almost some kind of stubbornly, practice his understanding of image about anthropology by efforts. He wrote in the 《 film's handbook》: "I try to use a representative record images of the original ecological Qiang district,make more people understand the splendid culture of ancient peoples. From one simple image of the Qiang people to another, show the real、simple and industrious scene of Qiang people.

As much god worship rimland nation, from live beside aquatic plants three thousand years ago, to live in valley now, Qiang people's life is asimple, quiet, and happy: the warmth of the fireplace, the exquisite Qiang embroidery, the force and beauty "buzz" (sheepskin drum dancing), the ShiBiwith integrating spirit into daily life …

For many years, in order to make his images, as far as possible with the double value of art and anthropology, Xu Xian's lens has been through Qiang people in different age, identity and personality: women embroidering Qiang embroidery , children go to school, youth working in the fields, serene old man, ShiBi that connect god directly... His lens gradually to grab the spirit connotation in the same blood containing. Seemingly different faces, eyes, camera position and composition, is the same spirit of a nation.

We see in this image of QiangZhai, some family photos, even consist people of whole village. Like a symphony, fore Qiang people that going through the 2008 "5.12 Wenchuan earthquake",are precious especially .

Of course, this kind method of shots , pioneer is not Xu Xian. It is a new way of portrait photography pioneered by Sander. This way of photography was used as early as in shooting native villagers Westwood by " Balzac who use lens ". "I shot in Qiang for many years, some of the images also adopted the way of ceremony, humanities type to Qiang family . This way for me is a kind of respect from my heart. Respect Qiang friends been shoot need a ritual of etiquette to record them." Xu Xian explains. Photograph of Xu Xian in Qiang,just is glancing back and greet to master Thornton and ZhuangXueBen.

As a photographer, more than a decade, Xu Xian consecrating his creative passion and love of photography to " nation live on cloud-Qiang nation". Now, he is still on the road. I don't know he will encounter what kind of scenery, feeling what kind of humanity, telling us what kind of story? As Xu Xian's friend for years and the editor of this book, I am convinced that the image he giving us in future will be wonderful as usual.

November 26(th),2014

ChengDu

|自序|

带着一颗心行走羌区

文 / 徐 献

　　2001 年 12 月，一次偶然的机会，我带着相机进入了地处大山深处的理县蒲溪羌寨，不经意间叩开了那片古老的土地。在以后的日子里，又有幸结识了羌族朋友余永清。这是一个对羌族文化有着很深研究的年轻人，他特有的真诚打动了我，我们成为了好朋友。在他的热情帮助下，我开始了心灵的羌区之旅，用镜头记录羌人的日常生活、生产以及宗教习俗等。

　　龙溪距离汶川县城不过二十多公里，山寨大多分布在阿尔沟的大山半山腰，主要的交通工具就是拖拉机。那时候，从乡政府到阿尔寨只有不到十公里路程。但是，道路崎岖，凸凹不平，交通极为不便。人们进出山寨大多步行，汽车也只有越野车才能通行。行走的艰难，让我至今记忆犹新。

　　在龙溪乡，有着六百年历史的古羌碉楼静静地矗立在大山深处，见证着羌族悠久的历史。有着上百年甚至几百年的羌族民居依然保存完整，朴实的人们在这里过着悠然自得的田园生活。

　　龙溪乡有很多保存完好的原生态的羌族寨子，这些寨子大多建在半高山地带，地势险要。记得 2007 年 10 月的一天，我前往龙溪的一个高山寨子——大门寨。里程只有十五公里，但山路弯弯，要翻越两座山，路面非常狭窄，我的吉普车刚好通过。在山的转弯处，半个轮子都在外面。道路的艰难是事前没有想到的，也是我在羌区拍摄最为艰难的一次。十五公里山路，足足开了五个小时。

在以后的拍摄中，每当我进入羌寨的时候，一些几岁或十岁左右的孩子，便会围着我，好奇地看着我的镜头，用稚气的嗓音对我说："叔叔，给我拍一张照片好吗？"当我看着这些天真可爱的孩子，我的心便会被一种莫名的东西牵住，镜头也会情不自禁地转向这些可爱的孩子们。

数年的拍摄，让我的心在不断接受古老羌文明的洗礼中，变得更加平静。我的镜头也变得越来越平实，没有色彩的夸张，没有做作的造型，没有影像的冲击，只需要一颗平静而充满尊重的心。一切的拍摄都在自然和谐中按下真诚的快门。通过我的镜头，记录羌族同胞的平常生活和他们平凡而又精彩的故事，同时也在用心记录羌区的一段历史。直到 2008 年"5·12 汶川大地震"发生，我才知道这些平实的影像多么弥足珍贵。

这本书所呈现的羌区影像并未囊括全部的羌族地区，比如北川等地，但是也可以窥斑见豹。希望通过我的影像记录，能让更多的人认识和了解羌族。这正是我的初衷。

Walk in Qiang area with heart

XuXian

One day in 2001, by a chance, I went into Puxi Qiang area, a little-known area in Wenchuan County of Sichuan with my camera. Inadvertently I opened this ancient land. I had the honor to know a Young man of Qiang named YuYongQin as friend who had the very deep research in Qiang national minority culture. His characteristic sincerity touched me, moved me. We became good friends. With his help, my spiritual journey of the Qiang area began. I used the camera to record their life , production, religion and so on.

Longxi is away from the county seat more than 30 kilometers. The most part of village is distributed in the half mountainside of AL ditch. The main transportation vehicle is the tractor. From the township government to AL village there is less than 10 km, but rugged and uneven. It was extremely inconvenient. It is mostly on foot to walk out of the cottage. Only off-road vehicles could pass. The difficulties of walking I can still remember.

In the Longxi township, there stood calmly 600 year historical ancient Qiang pillboxes in the mountain deep place. The testimony of Qiang national minority's history. The Qiang rooms that has more than one hundred year even to be preserved perfectly. The simple people in here lived the carefree and content idyllic life.

The Qiang people of Longxi Township have many intact and original stockaded village.most of these stockaded village built semi-alpine zone, located in the strategic place. I remember one day in October 2007, I visited a stockaded village in Longxi mountain – the gate village. Mileage is only 15 kilometers, but Hill Road is very narrow, my jeep just only could through. Corner of the Hill, half a wheel was on the outside. Road hard is beyond thinking, which I shot in Qiang areas one of the most difficult.15 km road took my 5 hours.

In later photography, whenever I entered the Qiang stockaded village, some little children gathered round me, was looking at my lens and said with the childish voice: "Uncle, makes a picture to me ok?" When I look at these naïve and lovable children, my heart then was hold by something inexplicable, then I turn my lens around these lovable children.

For years photography, lets my heart accept the ancient Qiang civilization unceasingly in the baptism, becomes tranquiler. My lens also become more and more unadorned, no exaggerate color, no artificial model, no impact, only one heart with tranquilly and respect in it . All photographies by pressing down the sincere shutter in the natural harmony. Through my lens, records my Qiang national minority friend's ordinary life and their ordinary and splendid story. Also recording histories by my heart.

The rendered image of this book do not include all Qiang area, for example BeiChuan etc.But this book also can see whole by peeping segment. I hope more people can know and understand the Qiang nationality by my video record. This is my original intention.

目录 CONTENTS

Chapter 1 / Living environment

第 1 章 / 生存环境

最早的祖先和太阳神鸟一起返归未卜的光阴,声声羌笛,在我们魂灵深处的回音如凤凰涅槃。

血脉隐忍地淌过时空。一千多年前的牛羊仍在吃一千多年后的草,惟羌寨的守望,让杂谷脑的流水数着清冽、单薄的日子,追溯在曾经辉煌的图腾与日益受损、萧索、斑驳的豪气中。

而摄影者这神奇的镜头,让冷却的光阴重新回暖,让尘封的历史重新眉目清晰,让我们的目光更加宁静而深邃。

也许这就是艺术生命的美丽,我们可以再次聆听一个古老民族遗尘的绝唱(呐喊)……

黑白,生命的底色,而一切后来的涂抹与着色,都将被时光的手风化。

黑白间的劳作,这才是真正的生命经营。浮华隐遁,繁嚣远匿。在这样的画面里,你听见了什么?看见了什么?嗅到了什么?感悟到了什么?

嘘,一个伪善的表情,一次轻浮的动念,都将在这样的画面中引发灾难性的天崩地裂。

所以,请保持最朴素的心神与最澄净的眼光,重新审视这黑白间的劳作。你当感知,压弯脊梁的其实只是一滴汗珠。画面上所有移动的风景,无一不在诉控我们精神堕落沦陷后的虚空与荒芜。

视角独到而敏锐地记录真实而生动的生活细节以及生命过程,就是艺术最高境界!

行者无疆!这黑白中的透视与呈现足以洗净我们身心!

——易逐非

Like nirvana of phoenix, the melody of Qiangdi(a kind of flute played by the Qiang people)echos from the root of our spirit, as the earliest ancestors return to the undecided times with the Sun Bird.

The Qiang's bloodline flowed through the history with endurance. Though people nowadays watch the moon a thousand year ago, only Qiangzai(villages of the Qiang)——the watchman, accompany the Zagunao river to undergo chilly days of loneliness, to date back to totems once glorious and spirit declining with each passing day.

Fortunately, a miraculous camera lens of the photographer rewarms the cooled time, reveals the piece of dust−laden history, and bestows tranquility and profoundness on our sight.

That is the charisma of art. In this way, again, we can hear the last cry of the ancient ethic group on the earth.

Black and white, are the base color of life, while any later painted colors will fade with time.

Laboring through night and day is the essence of life management: the Qiang people withdraw from prosperity to live in solitude. So, in this picture, what can we hear, see, smell, and learn?

Hush, otherwise the picture could shatter like a catastrophe caused by a hypocritical expression or a frivolous thought.

Therefore, keep our mind simplist and our sight purist, to reinspect the labor all day long, so that we could learn that what bend their backbone is merely a drop of sweat. All the moving scene in the pictures accuse the void and desolation of our mental degeneration.

Recording real and vivid details and process of life through ingenious view is the highest realm of art.

It's limitless to travel, and our mind could be cleaned by the perspective and presence of these black−and−white photographs.

——Yi Zhufei

拍摄手记

有计划进入羌区用人类学方法拍摄,缘于认识了一个居住在汶川阿尔寨的人。他叫余永清,是一个地地道道的羌人,一个对本民族文化有着深厚情感的羌族民间学者。2005 年的一天,我们相识了。在他的帮助下,开始以汶川龙溪羌区为重点进行拍摄。

记得 2005 年初次去的时候,龙溪还是一个交通极为不发达的地方。车过乡政府,便进入了阿尔沟。道路凸凹不平,狭窄坡陡。从乡政府到阿尔寨虽然只有七公里路程,却需要大约五十分钟的时间。

进入羌寨的路就更为险要了,崎岖十八弯,车在半山腰行驶,云在脚下。在龙溪最为险要的要数大门寨,这里不算太高,但是,由于道路极为狭窄,山高弯多而急,前往拍摄可以说需要一定的胆量。

多年拍摄下来,每次进入这个地区,都会有不同的变化,不同的感受,对自己内心也会有程度不同的震撼。

多年的拍摄中,我用心贴近羌,感悟羌,用镜头记录这个鲜为人知的羌区,一张张胶片背后,是自己内心的观看。

我试图通过一个具有代表性的原生态羌区的影像纪录,让更多的人了解这个古老民族灿烂的文明。通过一个个朴实的羌民的形象,展现现实场景中羌人朴实勤劳的风采。

2001年12月的理县蒲溪寨，其交通状况尚十分差，从山脚下的乡政府开始，道路就很难走了。我把奥拓车停在了乡政府，坐上了当地一辆破旧不堪的拖拉机。在狭窄的乡村道路上颠簸前行，一小时后终于到达了蒲溪羌寨。在山头上，远远望见了坐落在群山中的羌寨。羌寨的特殊地理位置，让我这个第一次来到这里的外乡人十分惊讶。因为，羌人居住的地方在我看来是十分险要的。

2002 年 11 月，理县蒲溪寨。

2005 年 10 月，汶川白家夺寨。

2007 年 10 月，通往汶川大门寨的山路。

拍摄手记

羌族垒石为室的建筑历经五千多年的传承发展,在吸收其他民族文化的过程中更趋丰富。其类型集中、成片的大规模古建筑体系,在国内各民族建筑中并不多见。从一定程度上讲,羌族建筑不仅是西南大部分少数民族建筑之源,而且,是中华建筑目前尚保存完好的源头遗迹。羌族民居建筑起源于新石器时期。虽然,今天的羌族民居建筑已远非其原始状态,但在其建筑选址、村寨布局,以及空间形式等方面,依然保持了浓厚的古风遗韵,反映出羌族民居建筑早在五千多年前就已形成的规模和风格特色,并为后来的羌族乃至藏缅语族诸民族的民居建筑打下了深刻烙印。

2006 年 2 月,汶川阿尔寨。羌族人大多居住在半山坡上。羌房依山而建,"垒石为室"是羌房的显著特征。在龙溪,这样的羌房分布在阿尔沟的两侧山上。

2007 年 10 月。汶川白家夺老寨是一座有着百年历史的羌寨。寨子的建筑是典型的羌族建筑风格。十分遗憾的是，2008 年"5·12 汶川大地震"中，寨子被毁。

拍摄手记

在汶川龙溪乡，最美丽、最具特色的寨子就是龙溪寨了。2006年5月，我第一次来到龙溪寨，尽管前往龙溪寨的路蜿蜒险峻并不好走。我的Jeep吃力地行走在山路上，那时候的路面可谓是"晴天一身灰，雨天一身泥"，从乡政府到龙溪不过四公里左右，在经过近四十分钟后，终于到达了龙溪寨。我顿时就被这座鲜为人知的羌寨震住了，远看山寨就像一条蟠龙蜗居在大山的脊梁上，四周是高耸的山峦，龙头则虎视着群山，绵延起伏的羌房静静躺在"龙"的身上。

2006 年 10 月，汶川龙溪寨。

2007年10月，天空下着小雨，大地被雾气笼罩。我带着相机，走在去汶川白家夺寨泥泞的道路上。迎面走来两个羌人。此时，山上的阿尔古碉在雾气中显得和往日略有不同。我用相机记录了这美丽的场景。

2010 年 10 月。在前往汶川龙溪寨的路上，三位羌族老人坐在道路旁晒太阳、做羌绣。

2006 年 2 月，汶川立别寨。2007 年，立别寨的羌人迁居到河谷地带。至此，立别寨就再没有人居住了。

羌族大多数生活在高山或者半高山地区，交通极为不便。2005 年 10 月，汶川龙溪乡。

2006 年 2 月，理县汶山寨。

2007 年 5 月，在汶川布兰寨老房前，
一对父女在古老的石梯上。

2006 年 2 月，汶川直台寨。

2007 年 5 月，通往理县曾头寨的山路。

2012年2月，
汶川神树寨。

2008 年 4 月。汶川布兰寨一处有着百年历史的
羌房前,寨子里的孩童在玩耍,享受着童年的快乐。
在 2008 年 "5·12 汶川大地震" 中,布兰寨沦为
了废墟;百年的老寨从此成为了记忆。

2006年10月，站在山上俯瞰白家夺寨，四周群山峰环抱。

拍摄手记

汶川龙溪乡的羌寨大多建在半高山，道路曲折蜿蜒，十分险要。这里的羌族寨子至今仍然保留着较好的羌风。

2008 年 2 月，汶川布兰寨。

羌寨——汶川羌区地震前的最后镜像

2005年11月，汶川直台寨。羌房在雪山映照下更显古老与沧桑。

2006 年 10 月，
汶川马灯寨。

2007年月，汶川阿尔寨。

2010年12月，友人陈安强在家乡汶川龙溪瓦戈寨举行婚礼。

2006 年 5 月，在汶川白家夺老寨一户人家，一根直径大约
30 厘米左右的原木凿成锯形的独木梯连接到二层。据主人介
绍，像这样有着上百年历史的独木梯在羌区已经不多见了。

2006年10月，汶川阿尔寨。

2007年10月，汶川大门寨。这是有着数百年历史的老寨。

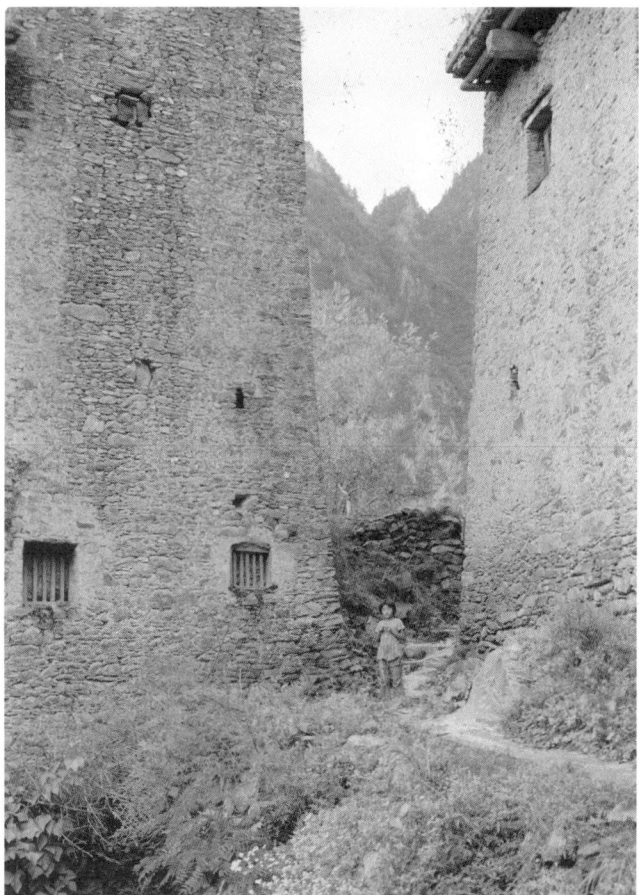

2008 年 2 月，大雪为汶川阿尔寨增添了
几分美丽！

2007 年 4 月，已经成为废墟的汶川夕格
老寨依然可以看到曾经古老的羌族背影。

2007 年 5 月，理县曾头寨。

2007 年 10 月，站在四面环山的阿尔寨，山脚下的白家夺寨在大山深处，更显羌族风情。从这里不难看到羌人的乐观。在这样的环境条件下，他们依然能够坚强地生活下来，快乐地构筑着他们的幸福。

2007 年 10 月，汶川大门寨。

2007 年 10 月，汶川大门寨遗留下的残存羌房见证了龙溪的沧桑演变。

拍摄手记

2007 年 10 月 2 日，与友人余永清开着 jeep，沿着陡峭且惊险的山路前往位于龙溪乡最为险要的大门寨。从山脚到大门寨的路并不算远，只有六公里，但是，道路可谓异常难走。汽车行进在山路上，右边是山崖，左边是上百米的陡峭山坡。狭窄的山路勉强可以通过 jeep，在拐弯处轮子甚至有一半在外。短短的六公里路程，我们来回花了七个小时。晚上，回到余永清家，我俩好好地喝了几杯。

在大门寨，古老的寨子让我感受到了羌族建筑的伟大。在一处悬崖边上矗立着一块残墙断壁，任凭风吹雨打，巍然屹立，与身后的群山为邻，伴随着龙溪羌人经过了不知多少春秋。

通往汶川大门寨的乡村道路。

汶川夕格寨是一个不通公路的寨子。2007年4月，从阿尔沟进去，到了垮坡寨便没有公路了，于是，只好步行进入寨子。崎岖的山路，让我背着沉重的摄影器材，有点气喘吁吁。但是，为了感受原汁原味的羌文化，在经过两小时的徒步后，终于抵达了夕格寨。

夕格寨地理位置十分独特，四面环山，在寨子的中央有一块上千平米的草地，羌房与山峦竟相辉映，可谓是一片美丽的净土。

2006 年 2 月。汶川直台寨算是保存比较完好的羌寨之一。2008 年 "5 · 12 汶川大地震" 中，直台寨的房屋受损。2009 年 5 月，全寨人迁徙至汉地。

2012 年 5 月，前往汶川龙溪寨途中，三位羌族老人正围坐在山头上。

2006 年 10 月，汶川马灯寨。

2007 年 10 月，汶川大门寨。在羌区，常常能够看到这样的情景，一群羌人围坐在自家门前，悠闲地聊天。阳光照在他们身上，大山在身后陪伴着他们。

2006 年 5 月，
汶川龙溪寨。

2005年11月，通往汶川阿尔寨的道路全是土路，一位羌族妇女行走在土路上。

拍摄手记

在汶川龙溪羌区,由于保留了较为完好的羌族建筑风格,因此,无论走到哪里,无论是在河谷地带,还是在高山坡上的羌族建筑,每户人家的房顶上都会放置白石,供奉羌人心中的白石神。这种崇尚白石的习俗从远古时代一直延续到今天。

关于羌族为何崇尚白石是有传说的。据说在羌人与戈基人的一场战争中,羌人失败后,逃到了一个白石山洞。当戈基人追到洞前,突然一股浓浓的白烟升起遮挡了视线。于是,戈基人只好返回,羌人也幸免于难,得以脱身。从此,白石便成为了保护羌人的神物。

2007 年 5 月,理县增头寨。

2005 年 10 月，汶川直台寨。

2011 年 1 月，茂县三龙乡。

拍摄手记

在羌区的村寨,羌碉成为了一道独特的建筑景观,历经百年乃至千年的古碉矗立在山间,见证了羌的发展。据《后汉书·西南夷传》记载:"冉駹夷者,武帝所开,元鼎六年,以为汶山郡,至地节三年夷人以立郡赋重,宣帝乃省并蜀郡,为北部都尉,其上有六夷七羌九氐……皆依山居止步,累石为室,高者十余丈为邛笼。"

由于地理环境和气候因素,以及羌人在远古时候常年征战等,羌碉一般都依山而建,以求防御与生存,由此使得碉楼成为了一种特殊的建筑空间形态,是羌区最为显著的一种建筑符号。它见证了几千年羌族的历史,散发着羌民族几千年来骁勇善战的特有精神气质,在我所拍摄的汶川龙溪、茂县羌区等地,就有不少保存较好的古碉。

羌碉分为房碉、村碉和战碉。房碉和村碉用于防御外侵和抢劫。战碉用于战争,可以驻扎军队,守关把隘。

2005 年 10 月，汶川阿尔硐。

在汶川龙溪，有著名的阿尔碉、布兰碉、白夺碉。这些碉楼在经历了 1933 年的"叠溪大地震"后，依然矗立在山坡上，守护着生活在这里的羌人。在 2008 年"5·12 汶川大地震"中，这些碉楼都不同程度地受到了损坏。

2006 年 10 月，清晨，云雾缭绕，阿尔古碉在云雾中显得更加挺拔。

2009 年 10 月，茂县三龙乡。

2010 年 10 月，茂县河心坝村。

2008 年 2 月，汶川布兰寨古碉。

拍摄手记

2008 年 2 月的冬季比往年要寒冷一些，羌村下雪了。布兰寨与龙溪寨分别在两座山上，可谓是遥遥相望。布兰寨的古碉远远地矗立在山上，这座古碉有着几百年的历史，古碉下是古老的羌房。2008 年"5·12 汶川大地震"后，羌房被毁，古碉的上半部分也未能幸免，遭到了毁坏。

2010 年 10 月, 茂县三龙乡。

布瓦碉位于汶川县威州镇布瓦村，其名字源于羌语谐音的音译，准确的含义是黄泥土峰。在布瓦寨共有49座碉，是全国重点文物保护单位，有着极高的文物保护价值。2007年10月摄。

2007 年 5 月，理县曾头寨。

2006 年 10 月，汶川白家夺寨村民朱宗树家里供奉的神龛。他每天都要为供奉的神灵上香，以保佑家人平安。

拍摄手记

走进羌房，便可见到屋角处的神龛。神龛一般多用木板制成，羌人也将它称为"神衣"，是羌族家庭不可缺少的陈设，也是他们供奉家神的地方，包括天、地、君、亲、师诸神。羌人希望通过供奉诸神，保佑家庭平安，六畜兴旺。

2010年10月，茂县三龙乡。

2010 年 10 月，茂县永和乡。

2007 年 5 月，汶川垮坡寨。

2010 年 1 月，茂县永宁寨。

2011 年 2 月，汶川神树寨。

2012 年 10 月，茂县永和乡。

2007年5月，汶川阿尔寨。

2006年2月，汶川夕格寨。

2010 年 1 月，理县曾头寨王文尚老人家中。

拍摄手记

在羌区拍摄的数年中，让我最为感动的一个地方就是羌人家中的火塘。当窗外下着漫天大雪、浑身发冷的时候，走进羌房，靠近火塘，温暖便涌上了心头。在我心中，羌人的火塘可以带给你家的温暖。

火塘是羌人取暖煮饭的地方，也是羌人家庭议事的场所，更是火神的象征。正因为如此，火塘也有着严格的禁忌，比如不能移动或用手触摸火塘内的三角架，更不能在火塘之上烘烤衣物等……

2005年11月，汶川白家夺寨。

2011 年 10 月，茂县永和乡。

2006 年 10 月，汶川阿尔寨。

2012 年 10 月，茂县三龙乡。

拍摄手记

在羌区，凡是传统的羌族建筑门前都会有用来驱邪的石敢当，这种建筑文化现象与羌族信奉万物有神的宗教信仰是分不开的，它与羌人的精神生活也有着密切的关系，千百年来，已经深深嵌入了羌族建筑文化之中。

2007 年 10 月，理县木卡寨。

2009 年 10 月，茂县三龙乡河心坝村。

拍摄手记

在羌区拍摄中，无论走进大小羌寨，都会看到很多羌族建筑的大门上贴有门神的图案，这些栩栩如生的画面就像守护在羌人家门前的神灵，为他们祈求平安吉祥。而这些门神不是羌族的传统图案，为什么在羌族地区会有门神呢？

羌族是一个信奉多神的民族，至今还坚信万物有灵。他们崇拜天神、地神、山神、水神、树神、羊神等三十多种自然神。寨子里面，房间里面还有方位神，大门上有门神。羌族聚居区有寺庙，里面一般供奉有川主神、佛教的神灵、道教的神灵和地方神……

据史料记载，门神是道教和民间共同信仰的守卫门户的神灵，旧时，人们都将其神像贴于门上，用以驱邪辟鬼，卫家宅，保平安，助功利，降吉祥等，是中国民间最受人们欢迎的保护神之一。道教因袭这种信仰，将门神纳入神系，加以祀奉。《山海经》说：在沧茫的大海之中有一座度朔之山，山上有一棵大桃树，枝干蜿蜒盘伸三千里，桃枝的东北有一个万鬼出入的鬼门，门上有两个神人，一个叫神荼，一个叫郁垒，他们把守鬼门，专门监视那些害人的鬼，一旦发现便用芦苇做的绳索把鬼捆起来，扔到山下喂老虎。于是，黄帝向他们敬之以礼，岁时祀奉，在门上画神荼、郁垒和老虎的像，并挂上芦苇绳，若有凶鬼出现，二神即抓之喂虎。后来，《山海经》描述的这种以神荼、郁垒、虎、苇索、桃木为辟鬼之神的信仰，被人们承传了下来。

2006 年 2 月，汶川马灯寨破旧的羌房上
依稀可以看到门神在守护这里。

2008 年 4 月，汶川绵虒寨。

2013 年 2 月，汶川垮坡寨。

2007 年 4 月，汶川马灯寨。

Chapter 2 / Thickness of life

第2章／生命厚度

老死的花朵飘成再世的雪,融化的雪捧出重生的花;是这生命之外的轮回,耗尽了光阴的血么?

羌碉上高悬的福祉,羊皮鼓里升起的图腾,这源自冉牦(sān)的血脉呵,流淌至今,被上苍的冷眉,回旋在零度以下。

依然伫立的邛笼,还在幻听那一场初雪的表情么?摇摇欲坠的高处,悬筒和溜索(渡河工具),还在醉忆渐逝在家园上空,烟火的馥香么?如果感恩,如果开口,羌寨,你一旦开口,呛住的是千年的光阴。

一生都在背诵枝桠上的路,小松鼠遗落许多活命的果实;天堂拒绝路标,苍鹰知道:扫净天路的云朵有多锋利。所有息养的生灵,谁不是在忠实而悲怆地偿还宿命。大山呵,你数千年大慈不偏沉默的守望,咋就没能守住一个轻狂的喷嚏?

草地丢失了牧童,牧童丢失了羊群;一夜白头的草地上抱头痛哭的羊群,躺着不动的鞭鞘还在等待它的小主人,这不是童话,是灾难写下的绝笔。

顶帕子的男人走了,脚下穿着云纹鞋;包帕子的女人走了,手中绣着云纹鞋。失巢的倦鸟,咯血的哀歌,把天空拉得很低,阴霾似铁。云纹鞋,你如何抵达信仰之上的地址。

羌笛已嘶,弥留废墟中的守望;羊皮鼓暗哑,低回亡灵的余温,那些篝火中幸福颤栗的爱情,那些捣衣棒抖落饱满的日子,汶水呵,自此,你一径苦水的蜿蜒,是唱给生者断肠的离歌。

——易逐非

Withered blooms are reborn as snow, and melting snow fosters fresh buds; as time goes by, the Qiang, the ancient ethnic group, is on the wane.

The blessing hanging on the Qiangdiao(buildings which the Qiang dwell in), the totem drawn on the sheepskin drums, are derived from the Ransan(the ancient name of the Qiang). But now, they are all teetering on the edge of extinction.

Does Qiangdiao still stand there to hear the love of first snow? Does the Xuantong(the equipment on the ropeway) and Liusuo(a rope as a tool to cross river) on high still miss the vanishing smoky scent haunting over their hometown? Qiangzai, if you could speak out your gratitude, the thousand-year history would choke on its reply.

Squirrel lost many a pinecones on the way that memorizes the directions of branches; heaven has no road signs, only the departed know how tough the way to it. All the creatures on the earth repay destiny with faith and sorrow. But the mountain, compassionately and quietly blessing them all, cannot defend a sneeze of the nature--Wenchuan earthquake .

Grassland lost the shepherd, and the shepherd lost his flocks; flocks cuddled and wailed on the meadow covered by snow, and the whip, lying there in silence, waited for its little master. This is not a fairytale, but the tragic scene after the great calamity.

Men have gone to heaven, with kerchief on head and shoes embroidered cloud pattern on foot; women have gone to heaven, with kerchief on head and unfinished shoes in hands. The lividity hazy sky was depressed by homeless birds and the dying mournful song. Cloud pattern shoes, how could you reach the destination of faith.

Dumb the Qiangdi waiting in ruins, nostalgic muffled sheepskin drums linger over the soul of the departed, over the happy affection dancing in the bonfire, over the fruitful days of beating clothes(an ancient way for woman to wash clothes). Since then, the miserably winding Dawen River has whispered the song of departure for the living.

——Yi Zhufei

拍摄手记

在多年的拍摄中,我拍摄了大量羌人的肖像、合影,试图用桑德的方式从民族学和社会学的意义上去解读羌。

自摄影术发明以来,合影是一种有着悠久历史的被众多摄影师使用的一种拍摄方式。对我而言,它是一种带有仪式般神圣的影像,是对人的一种尊重,也是人类历史上不可或缺的一种记录方式。

出生于德国科隆的摄影家奥古斯特·桑德就用相机为德国人造像,主题就是"二十世纪的人",打算拍摄所有的德国人,为他们的日耳曼精神留影,为德国的历史和文化保留一份宏大的视觉档案。这无疑是影像为人类历史发展作出巨大贡献的杰出范例,为后人研究这些族群留下了珍贵的影像。

今天,每个家庭都有一本影集。合影照片是必须有的,因为它记录了家庭生活中的一个历史片断。在单位,也有全体人员或是部分人员的合影,因为它是单位发展变化的一个真实记录。与朋友、同学的合影同样记载了一个值得记忆的瞬间……而历史就是由这一个个断面和切片构成。

　　我在多年的羌地拍摄生涯中,其中部分影像也采用了这种仪式般的拍摄方式,对羌族家庭做了人文式的拍摄。这种拍摄方式对我而言是发自内心的尊重,尊重被拍摄的羌族朋友,就需要用一种仪式般的礼仪去记录他们。当初拍摄的环境如今已经完全变了,有的拍摄对象甚至在"5·12 汶川大地震"中离去。有的家园被毁,在灾后重建中修了新式的房子。这些经历了灾难的羌人,无论从居住环境,还是人的精神面貌也都发生了很大的变化。经历了劫难后的羌人变得更加坚强了。

　　英国诗人威廉·布莱克在他著名的诗歌《天真的语言》中写道:"从一粒砂里看到一个世界 / 在一朵花里有一个天堂 / 把无限放在你的手中掌 / 永恒在一刹那里收藏。"

　　如今,再回头细细品味这些记录历史断面的合影影像,这些人物的出现,环境的复原,羌人当年的特有气质,今天依然打动着我,从这里我看到了更多的羌文明依然闪光,依然在传承,一切就像时光倒流般仿佛又回到了从前,回到了曾经美丽的家园。

2007 年 4 月, 汶川阿尔村举行祭山还愿会。这天阿尔寨的村民早早地来到了祭祀塔前参加这一盛会。作为一个摄影师, 让我感受到了这些有着信仰的村民的虔诚。于是, 我为他们拍摄了这张羌民群体影像。

拍摄手记

汶川夕格寨是一个不通公路的寨子,从阿尔沟进去,到了垮坡寨便没有了公路。

在距离夕格寨不远的地方,耳边传来了一阵声音,原来村民们早早地便在进寨的路上,为我们摆上了青稞酒,要为我们这些远道而来的客人送上甜美的咂酒。

第二天(2007年4月21日),汶川夕格寨举行了一次祭祀塔开光仪式。这天,全村寨的村民都来参加了这个对他们来说非常重要的仪式,男女村民都身着漂亮的民族服装,欢聚在一个草坝上。

仪式开始前,在我的提议下,并在村支部书记的协助下,为这些村民拍摄了一

2007 年 4 月，汶川夕格寨村民合影。

张全家福。如今，看着这些朴实的面孔在我的胶片中定格，不由地让我想起
德国摄影家桑德的作品。

在羌区，我拍摄了大量羌人的肖像、合影，试图用桑德的方式从民族学
和社会学的意义上去解读羌，解读羌人。

"合影"在历史学中最具文献价值，其中的人物及相关的环境往往带有
浓浓的民族、地域时代特征。"合影"也是一种叙事的形式，是一种对生存
形式的陈述，"合影"是时间中曾经存在的一个场面，是对人群、身份、伦理、
人性全方位进入的仪式，是摄影人向普通人的礼赞。

2007 年 4 月，汶川夕格
寨羌族妇女儿童合影。

拍摄手记

2006 年 2 月的春节，在汶川直台寨村支部书记陈学平家中，探访羌人的新年。

这天，陈学平家中很是热闹。按照这里的习俗，春节走亲戚是必不可少的。看着这些朴实的羌人，从他们身上能够读到羌的历史痕迹，心中油然而生敬意。于是，在他们端坐在古老的羌房门前的时候，我按下了快门。

第二年的春节，当我再次来到陈学平家中时候，古老的土墙已经被新抹的水泥掩盖。古老的文明正是在这样点滴的掩盖中，逐渐从历史的长河中被抹去了！

2006 年 2 月，汶川直台寨陈学平的家人、朋友。

在汶川龙溪羌寨的拍摄中，我认识了很多羌族朋友，余世荣便是其中一位。他是释比文化的传承者之一。这是 2007 年 4 月拍摄的他与家人的合影。

2006 年 2 月，汶川立别寨。

2005 年 11 月，汶川阿尔寨。

2011 年 5 月，汶川瓦戈寨余成美夫妇。

2006年4月，汶川白家夺寨一处羌房前，几位老人闲坐在家门口。一打听才知道，这是婆婆和儿媳以及孙子、孙女的关系。婆婆已经104岁了，她的儿媳妇也有70多岁了。

2008年2月，汶川白家夺寨村民朱宗富夫妇和他们的三个女儿在家门口合影。朱的三个女儿均已大学毕业。在这样一个交通不发达的山村，朱宗富用他勤劳的汗水，精心呵护这个家，他的女儿能够顺利考上大学实属不易，在羌区并不多见。

2009 年 11 月，汶川白
家夺寨的村民。

2007 年 4 月，汶川夕格寨准备参加祭山还愿会的妇女。

2009 年 11 月，参加祭山还愿会的汶川白家夺寨羌民。

2006 年 2 月，我前往汶川龙溪羌区，在夕格寨释比杨贵生家中拍摄了家人合影。"5·12 汶川大地震"后杨贵生一家人迁徙到邛崃市南宝乡定居。

2010 年 1 月，汶川夕格寨的羌民已经搬进了新修建的安居房中，于是，我驱车从成都经过近 3 小时的车程来到了他们的安居房，看望释比杨贵生，再次拍摄了他们全家的合影。

2007 年 4 月，汶川白家夺寨余永清和家人。

2007 年 10 月，汶川大门寨黄家秀母女。

2008 年 2 月,汶川龙溪乡白家夺寨的
朱宗树和他的两个儿子,以及大儿媳
妇在自家房背上合影。

2006 年 10 月，进入羌区拍摄了一年多的我，逐渐熟悉了这里的人们。每次到达这里，寨子里的人都会对我报以微笑，因此，拍摄也变得一次比一次顺利了。汶川白家夺寨羌民朱金福的家是典型的羌族建筑，用石头垒砌而成，火塘、神龛等一应俱全。在他家的房前，我为这对羌族老夫妻拍摄了这张照片。在"5·12 汶川大地震"中，这座老房子被毁了。夫妻俩又新修了钢筋混泥土的新房。新房尽管很大，却失去了羌文明的许多东西。

2007 年 11 月，汶川布瓦寨。

2007 年 7 月，在去汶川龙溪寨的路上。去龙溪寨的路很不好走，上午出发后中午才到达。在羌族朋友家中吃过午饭，我便拿起相机在寨子里四处转悠，寻找羌文明的痕迹。在一处田地，一群朴实的人们正在辛勤耕作，一阵寒暄后，我决定在这里为他们拍摄一张合影，身后的羌房与他们相互映衬！

2005 年 11 月，在汶川直台寨的一次婚礼拍摄中，我认识了何九全老人和他的孙女何婷娇，得知了他家的一些情况。何婷娇在七个月的时候父母就离开了人世，以后的日子便跟随其爷爷何九全生活，爷孙俩相依为命地过着简单的生活。

2010 年 1 月，"5·12 汶川大地震"后，汶川直台寨全村都迁徙到了邛崃新居，爷孙俩也住进了新房。

拍摄手记

2007 年 7 月,在汶川龙溪寨拍摄中,认识了寨子里的一位名叫余清富的老人。那年,他 65 岁,我随他走进了龙溪村图书室。

乡村图书室就设在余清富老人的家中,简陋的设施,一排书架上放满了各种书籍,有文学、科技、少儿等。在与老人的摆谈中得知,老人以前是山寨的民办老师,算是寨子里的书生。2002 年,老人自费办起了这个图书室,目的是要让山寨里的年轻人多学点知识,提高文化,这一来,图书室便成了年轻人常来学习的地方,在这里,他们可以获得知识的财富,放飞自己的理想。图书室的书籍已经有 600 多册,每天都会有村里的村民来借阅。

在 2008 年"5·12 汶川大地震"中,图书室连同老人的羌房被毁了。

2009 年 2 月，当我再次见到余清富老人时，脸上能够读到大灾之后他心情的沉重，在老人已成废墟的房屋前，我按下了快门。

2008 年 12 月，理县蒲溪寨。

2001 年 12 月，理县蒲溪寨。

2001 年 12 月，理县蒲溪寨。

2006 年 11 月，汶川阿尔寨。

2009 年 10 月，茂县永和乡。

2012 年 2 月，汶川神树寨。

2006 年 5 月，汶川马灯寨。

2007 年 2 月，汶川直台寨何清光与何定勇。

2005 年 10 月，在汶川直台寨，一位老人正在用羌族传统的手工艺制作用于"云云鞋"鞋底的麻绳。

2012 年 12 月，茂县永和乡。

2009 年 1 月，茂县雅都乡。

2009 年 1 月，茂县曲谷乡。

2009 年 10 月，茂县永和乡。

羌族是个勤劳的民族，在羌区无论老人还是孩童都会参加劳动
2007 年 11 月，汶川龙溪白家夺寨正是收获的季节，陈兴年老人正在
忙着将白菜装车。据说，这位老人是为数不多的女性释比之一。

2007 年 7 月，汶川龙溪寨。

2010 年 11 月，汶川阿尔寨。

2007 年 10 月，汶川大门寨。

2010 年 2 月，汶川垮坡寨的山上，三位羌民正在山头把酒言欢，远远的大山便是他们小酌的"下酒菜"。一种和谐出现在我的镜头中。

2006 年 5 月，从汶川龙溪寨拍摄下山途中，一抹夕阳照在山头，车行驶在蜿蜒的土路上，眼前两个羌人、一群羊出现在我眼前，好一幅绝美的《牧羊图》。

2009 年 10 月，茂县永和乡。

拍摄手记

不同时代,不同族群,不同历史背景下的人们,有着不同的人类体质特征,表现最为明显的就是他们的面孔。从某种意义上讲,摄影人用镜头记录他们的面孔,就是在记录那个时代的政治、经济、文化、宗教的一些特征,因为这些面孔最能反映和体现出他们的时代特性。

德国摄影大师奥古斯特·桑德,在二十世纪末,用镜头记录了大量他那个时代的面孔,被认为"不只是记录了一张张人像,而是记录了这个时代,为时代留下了面孔"。在特定的时代,特定的人群,他们的体质与气质是迥然不同的,用镜头为他们画像,用胶片感光,自然成为了摄影师的责任。随着时代远去,历史变迁,这些曾经的面孔就具有了更多意义上的价值,比如人类学、社会学、民族学的影像价值,为学者和大众留下了最直观、真切的画面。

作为摄影者,我试图用镜头在特定的时期、特定的空间(羌区),记录这些有着古老历史的羌族人的面貌和体征。也许随着时间的推移,现代文明的侵蚀以及生活习惯的改变,以后的羌人的面貌和体质特征会发生变化。

2008 年 8 月,在"5·12 汶川大地震"后,我绕道几百公里,终于到达了汶川阿尔寨,见到了一直牵挂的好友余永清。在他家中,恰巧遇见了老朋友杨贵生老人。他正吸着兰花烟,得知他的女婿在地震是不幸遇难。但是,从老人的眼睛里我读到了坚强。

2008年5月1日。在汶川白家夺老寨里，一群羌族村民在自家门前休闲小坐。往常来的时候，未到寨子便能听到狗的叫声，这次却没有，显得格外清静。寨子里，八十余岁高龄的余明山老人坐在自家门前悠闲地抽着当地较为常见的兰花烟，或浓或淡的烟雾之间，尽享人间快乐！谁知在"5·12汶川大地震"中，老人不幸去世！这张照片成为他生前最后的影像。

2009 年 1 月，茂县曲谷乡参加狩猎节的羌人。

2006 年 2 月,汶川白家夺寨。

2011 年 6 月,茂县永和乡。

2012 年 5 月,茂县永和乡。

2001 年 12 月,理县蒲溪寨。

2008 年"5·12 汶川大地震"后的 8 月,我又一次来
到了熟悉的地方——汶川龙溪寨。在这里感受到了地
震给村民们带来的伤痛。在白家夺寨的一处羌房前,几
位羌族妇女正站在那里,远望被地震毁坏的房屋。

2008 年 8 月，汶川白家夺寨。朱金华、杨俊珍夫妇。

2008 年 8 月，汶川龙溪寨一处帐篷里，苟南教与儿子苟小平。

2009 年 4 月，这是"5·12 汶川大地震"后的第一个清明节，
我带上地震前给汶川龙溪寨村民拍摄的部分图片，提前来到了
龙溪。寨子依然是一片废墟，昔日美丽的羌寨已经成为记忆，村
民看到我的到来，纷纷前来寒暄。我将龙溪寨全景图片送给他
们，当他们看到自己家园曾经的美丽，这些村民不由得脸上露出
了一丝哀伤。于是，在这片废墟前，我再次按下了快门。

从垮坡寨到神树寨需要爬上一段并不长但是很陡峭的山路,当地人背着重重的物资大概需要十多分钟,而我需要近二十分钟。每次当我登上通往神树寨的小山顶时,总会在这里歇歇脚,然后再前行。

2010 年 10 月,神树寨的羌族妇女在山顶上休息,因为他们身上的背负十分沉重。

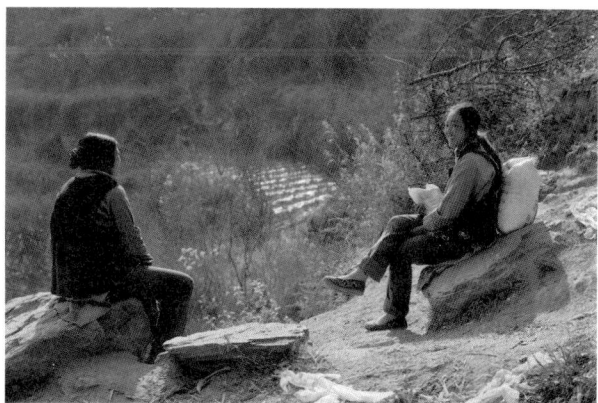

Chapter 3 / Pure fire and smoke

第 3 章 / 纯净烟火

口衔凛冽山风的苍鹰呵,用你熟悉的目光带我回到远方。最高的山峦和雪峰,我的故乡。但愿这不羁的经过,别吵醒山崖上,那些沉默的岩石,那些在岁月里凝固的火。

沿岷江溯源而上,一直走,阳光和雨露渐次从颂词的高度降低,直抵草木以及所有生灵的内心。

一个曾经的游牧民族,掩埋刀弓和先祖遗骨的栖地。林立的羌寨捐起的高度,无论怎样虔诚的步履,再无法叩响古老文明遥远的逸响。

杂谷脑河,银色的闪电,轻柔地劈开沙俄达厚实的胸膛。任我们自一道古寨门,自由穿行历史的瞬间或永恒。

剑刃般矗立千年的碉堡,从遥远的天际引来祥光,庇佑羌寨儿女和传说的神羊。

熄灭的狼烟,遥杳的马蹄,一个民族在沉寂中流失的血,让鹰驮上不可仰望的高度。

今夜,龙溪温暖的火塘边,羌族民歌洞开的时空里,远来的游人,左手红尘,右手天涯。

——易逐非

Holding biting wind in beak, via its sophisticated eyes, the eagle guides me to my homeland in the distance, where the highest mountains and snow peaks soar. Wish my unruly footprints may not wake up the silent rokes lying on the cliffs, ignite the dead fire in years.

Walking along the Ming River to trace the source, I perceive the sunlight and the rain get thinner as I climb higher. Though with fewer praise, they still nourish all the creatures selflessly.

This has been a place of nomads before, where arms and ancestors sleep soundly. However, currently, the old civilization can no longer be wakened, no matter how tall the Qiangzhai are, how piously we walk through.

Like a silver lighting, the Zagunao River tenderly split the strong chest of Sha Eda Mountain, opening a gate for us to flow freely between the present and the history.

Like swards towering for thousands of years, Qiangzhai brought in auspicious light from the distance to bless the Qiang and the sheep in legends.

As smoke signals go out, hooves die away, the blood of the Qiang were sent by the eagle to a place out of reach.

Tonight, from far away, travelers who rove all over the world, sitting by the warm fire nearby Longxi(a place), go back to the years when the Qiang's song can be heard.

——Yi Zhufei

拍摄手记

羌族大多居住在半高山地带，汶川龙溪羌区也不例外。在阿尔沟的两侧高山上，远远地就能看到羌房、羌碉。在寨子里，穿着羌族服装的人们，围坐在火塘边。老人燃起当地特有的兰花烟，妇女坐在一旁精心绣制着羌族古老的羌绣，孩童在房前嬉戏玩耍，这样的生活无疑与城市的繁忙喧嚣有着天壤之别。

在龙溪生活的羌民沿袭了祖辈的生活习惯，传承了羌族文明。在多年的拍摄中，我的镜头记录了栖居此地的人们生活的点点滴滴，老人、妇女、孩童的生活状态。在我看来，这样的生活才是真正的生活，这种生活没有更多的烦恼，没有名利之争，活得更纯粹，更自然。

2006年2月，汶川直台寨的羌民在自家房前娱乐。

2008 年 5 月 3 日，我来到汶川龙溪乡布兰寨，寨子里的羌民正在田地里忙碌着，用他们辛勤的汗水浇注幸福。谁曾想到九天之后，这里遭受了前所未有的大地震。

2009 年 10 月，茂县永和乡一座古老的磨坊里，一位羌族妇女在打磨玉米粉。

拍摄手记

在龙溪羌区,有一种习惯是当地人约定俗成的,那就是"帮工"。每当农忙时节,每家的农活都比较多,家里劳动力不够。这时候,各户都会出人前往另一家帮助其干活。这种现象被当地人称为"帮工",是没有任何酬劳的。邻里乡亲相互帮助,在我看来这是羌人的传统美德。

2007 年 10 月,在汶川龙溪乡拍摄,我正好赶上农忙季节,大家都在田地里忙碌着,收割大白菜。他们一大早就进山开始劳作了。种植白菜在龙溪乡是村民们的主要生活来源,每年的秋季是寨子里最忙碌的日子,也是收获的季节,这里的白菜主要销往成都等地。

2008 年 5 月 2 日，汶川白家夺寨两位羌族妇女正在播种玉米。

2007年7月，在前往汶川龙溪乡的山路上，赶上几个羌族妇女正在一弯道处歇息，她们身上的背篓太沉重，需要有休息的时候。

2006 年 4 月,从汶川龙溪寨拍摄返回的途中,狭窄的乡村土路上,远远地便看到了一群身背背篓的羌族妇女,用她们的身躯背负着沉重的土豆。这些妇女用她们坚韧的身躯扛起了生活的大旗,羌人的吃苦精神就这样在大山的深处代代相传。

2008 年 4 月，汶川龙溪乡通往直台寨的公路上，一个羌人正在赶羊。这条公路通车是在 2006 年 10 月，以前是凸凹不平的村级道路。为了村民的方便，当地政府新修了道路。在 "5·12 汶川大地震" 中，道路被毁。

2008 年 2 月的春节之行是让我很难忘的。这年的雪下得很大，在前往羌村的蜿蜒的山路上，铺满了白雪。我驾驶着 Jeep 缓慢前行，稍有不慎便有滑落下山谷的危险。那时候的龙溪道路是很差的，凸凹的路面，让我这辆年老的汽车累得不行。在前往龙溪乡的路上，遇见了村民周文毅父子，他们正背着牛草回家。

拍摄手记

在龙溪羌区,随处都可以看到坐在门前做羌绣的妇女。羌绣在我看来是羌文化的一种独具特色的传统手工艺。每个民族都有自己的传统手工艺,以前在甘孜州道孚县扎巴地区我曾经拍摄过一种传统的手工艺——黑陶。在羌区几乎每个妇女都会用这种手工艺制作自己喜欢的羌绣。2005年10月,在我拍摄的一个婚礼上,很多寨子里的人们给新人送上的礼品就有羌族的云云鞋、衣服等羌绣工艺品。

羌绣的来源有这样一种传说:三国以前,羌族妇女能征善战,孔明派姜维到汶山,屡被羌族女将打败;后来孔明就用符咒组成挑花围腰,送给羌女。羌族妇女争相效仿,挑花围腰就在她们中流传开了。谁知,围腰上孔明画的符,把羌族妇女的心给迷住了,从此,羌族妇女便不会打仗出谋,只知挑花刺绣。传说固不可信,但剥开这个传说的神秘外衣,我们可以看出,羌族挑花刺绣艺术原来最初是由汉区传入的一种手工艺。

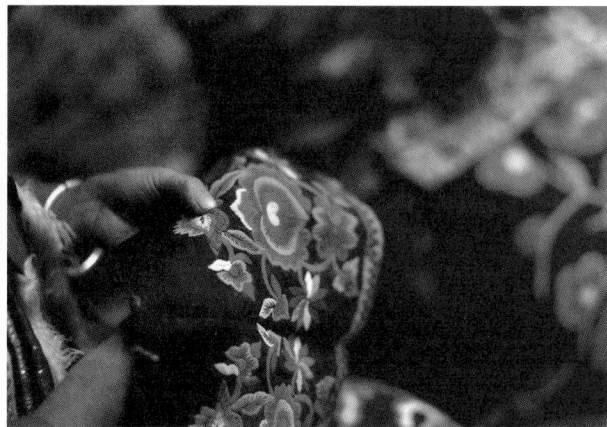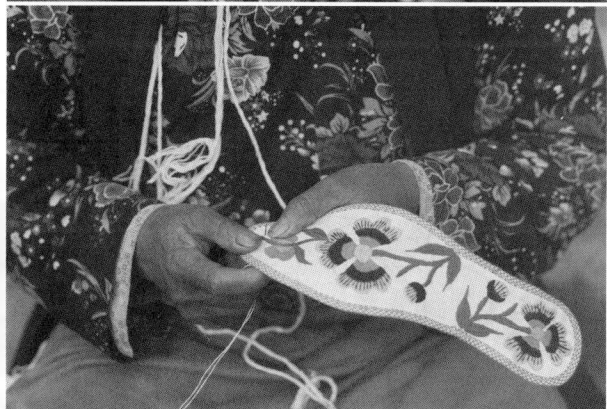

2009 年 4 月，汶川白家夺寨农闲时的妇女。

008 年 5 月 3 日，在汶川白家
夺老寨的一个老屋前，一位羌族
妇女手拿自己手工制作的云云
鞋向我展示其精湛的手艺。

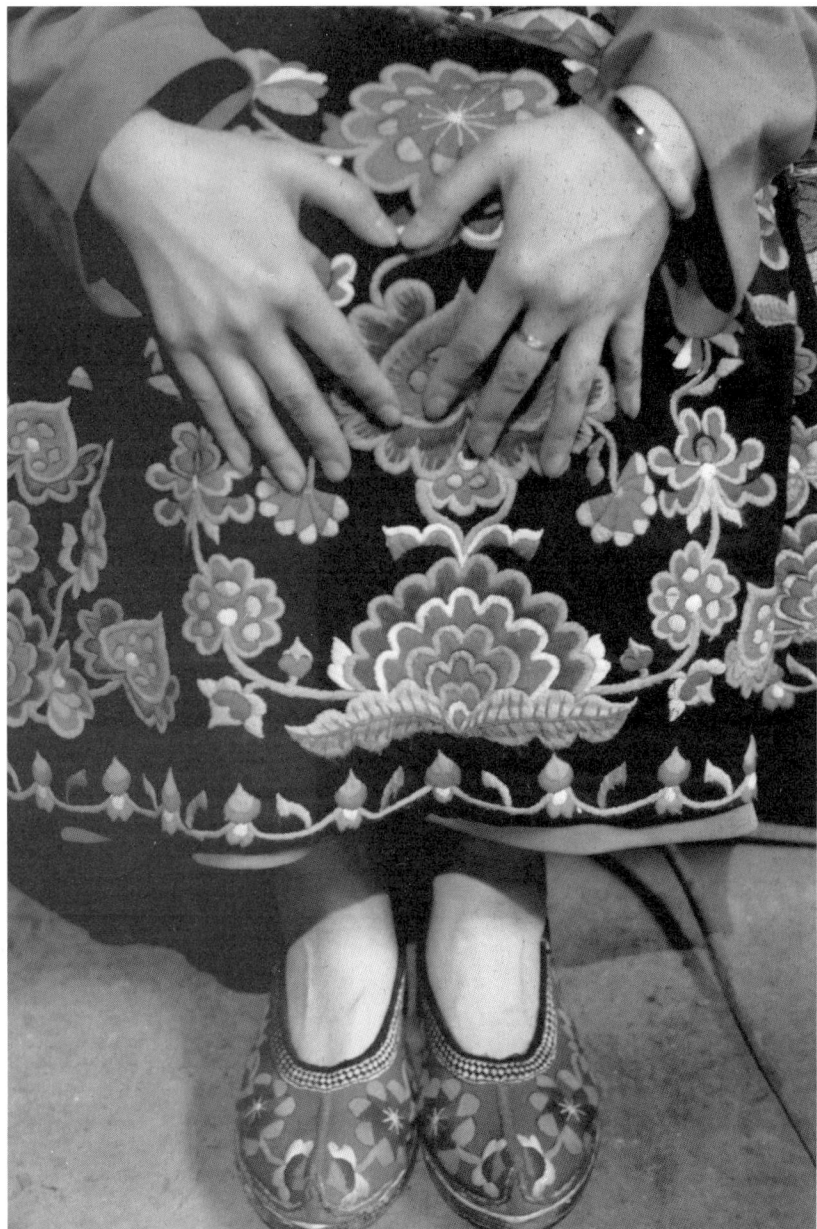

2006 年 4 月，汶川阿尔寨。朱宗
树的妻子在家门口缝制羌绣。

2006 年 5 月，汶川阿尔寨。

2011 年 11 月，汶川垮
坡寨的妇女在一起切磋手
工制作羌绣的技艺。

拍摄手记

5·12 汶川大地震后，我数次前往汶川龙溪羌区，在这里深深地感受到了羌人的坚强和他们对美好生活的向往。走进已经成为废墟的村寨，时常会看到羌族妇女坐在垮塌的房前编织着她们的未来与希望。2009 年 1 月，汶川龙溪寨。

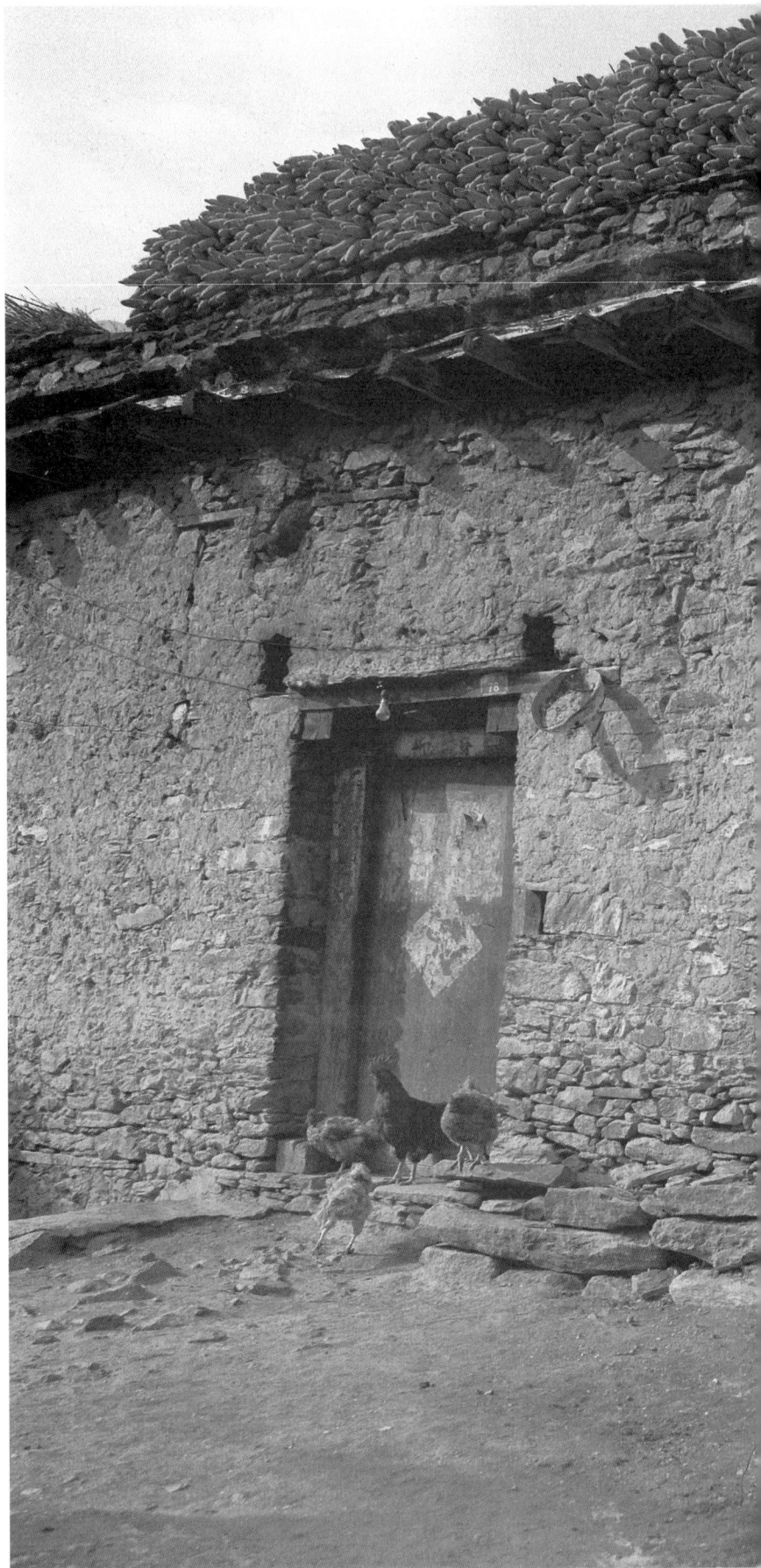

2007 年 2 月 21 日,这天天气很好,我独自在龙溪寨子里,感受着寨子的那一份宁静和美好。当我推开一扇门的时候,一位老人和他的儿子,还有门前的几只鸡,正享受着阳光。这温馨的一幕不正是羌寨普通而休闲的生活吗?

拍摄手记

每次去汶川龙溪羌区，我都会住在好友余永清家里。他家的房屋是典型的羌族建筑。在他家里，他的母亲余水芝都会热情接待我。他的母亲是一位勤劳的老人，尽管年岁已高，可是身子骨却透着硬朗。每天一大早，她都会去山上割猪草，铡刀声总会在清晨响起。2007年11月的一天下午，我从外面拍摄回来，正好遇见老人在手工编织羌族传统的麻绳，用来制作羌族的"云云鞋"。目前，这种手工艺制作的麻绳已经少见了。

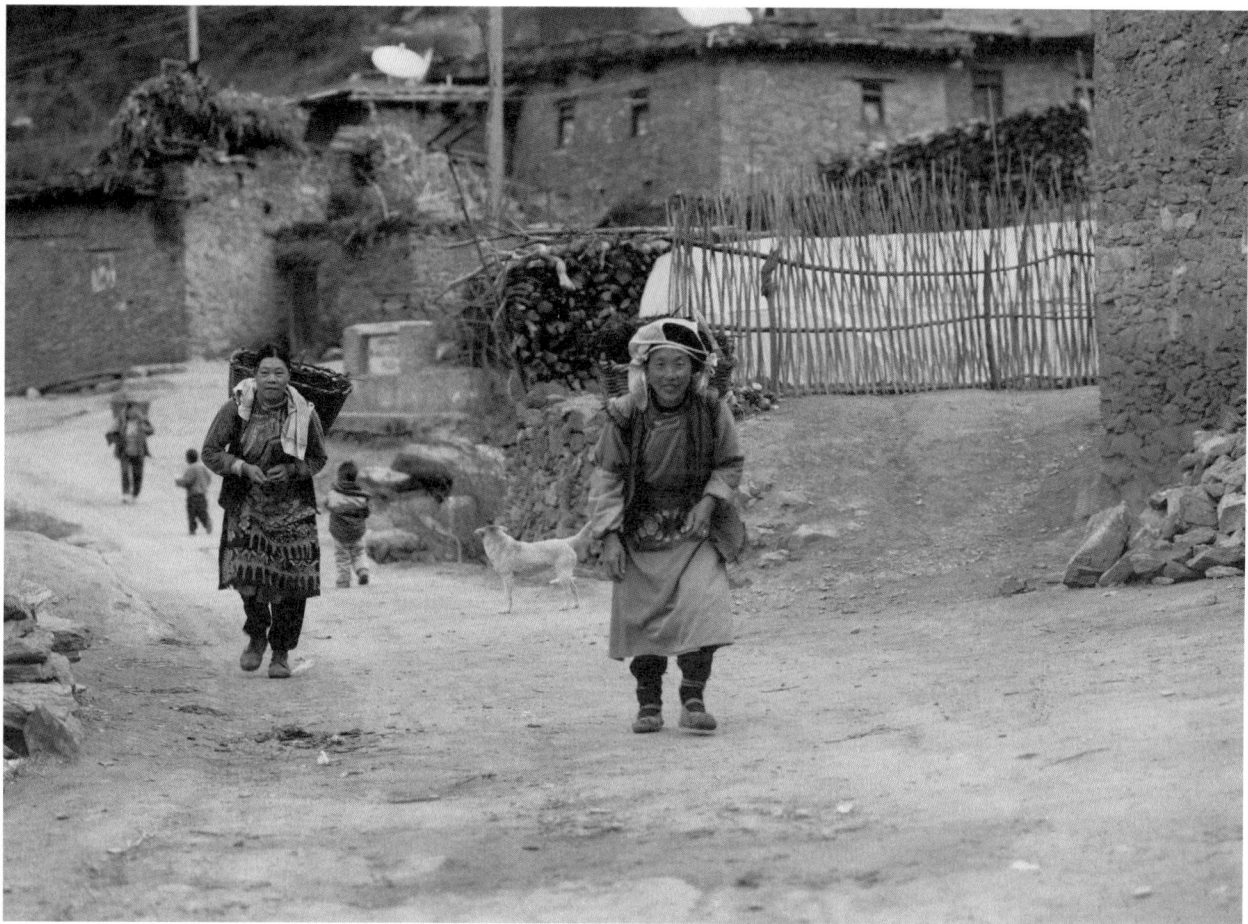

2007 年 11 月，汶川白家夺寨。

由于交通不便，多年来，汶川龙溪羌区的羌民出行大都靠一
双脚，就这样走过了无数的春夏秋冬。2007 年 10 月摄。

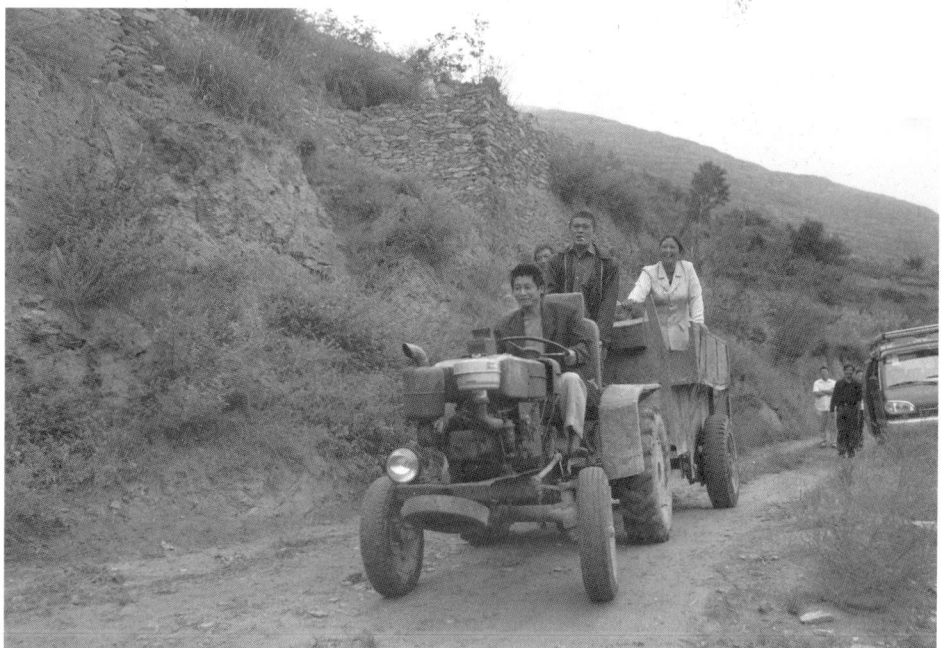

2007 年 10 月，汶川阿尔寨的村民正在收获白菜。

2006 年 10 月，汶川阿尔寨的村民前往田间劳作。

2006 年 7 月，通往汶川龙溪的公路。那时羌民的主要交通工具是拖拉机。

2007 年 10 月，汶川龙溪乡羌民聚在一起玩金骨牌。

2006 年 11 月，汶川阿尔寨。

拍摄手记

在汶川龙溪羌区，由于地处偏僻，加上那时候的交通不便，村民们的业余生活是很单调的。在这里流行一种娱乐——金骨牌，无论老人还是年轻人都会。因此，在农闲时节，人们会聚集在一起玩。当我用镜头拍着这些影像的时候，自己心里也在感受这种简单而快乐的娱乐方式。这样的娱乐方式，也许不能和城市里的娱乐方式相提并论。没有霓虹灯，没有刺耳的卡拉 OK 声，但是从他们专注的神情，可以读到快乐的心情。

2006年春节，在汶川直台寨山坡上，远处的雪山清晰可见，在一片田地里，村民正在耕地，让我感到特别的是，在这个少有人知晓的羌族村寨，他们耕地的方式仍然保留着传统方式——二牛抬杠。这在我们所处的平原地区，是不可能见到的。平原地区的耕作方式早已被现代农机所替代。

拍摄手记

2007 年的羌历年，这天，汶川白家夺寨的村民在古碉楼前搭起了烧火的架子，开始准备羌年的食物。村民一大早就起来宰杀羊子，下午 5 点过，一锅热气腾腾的羊肉汤煮好了。在村支书的指挥下，按照每户一份，开始分发羊肉。村民们纷纷从家里拿来了锅碗等着盛装。

拍摄手记

2001 年 12 月,在理县蒲溪寨巧遇一户人家正在杀年猪。家里前来帮忙的村民围坐在一起,大口喝酒大块吃肉。每个人脸上都透着喜气,就像过年一样很是热闹。后来在汶川等地也遇上了羌人杀年猪。

2007 年 11 月的一天, 我一大早就从成都出发, 8 点 30 左右到达了汶川白家夺寨。这天友人余永清家里正在杀年猪。

2012 年 12 月，汶川白家夺寨。

拍摄手记

在羌族地区杀年猪的传统已经延续千年，他们过完传统节日——羌历年之后，羌民家里的一个重要的事情就是杀年猪。因为，羌人每户家里都有在年初喂养小猪的习俗，一般家里有 2～3 头小猪圈养。到了年底家人就会和邻里乡亲聚在一起宰杀年猪，庆祝一年的收获。这些猪肉将会腌制成腊肉、猪膘肉备来年食用。它是羌人特有的食品，肉质肥而不腻。当贵客临门，羌人就会请客人品尝美味羌腊肉。

拍摄手记

进入羌区，在朋友余永清家中，他端出了自家喂养的"绿色猪"制成的腊肉。这种肉口感非常好，肥而不腻。至此，以后每次到羌区总会品尝羌腊肉。

随着拍摄的深入，得知我眼中的羌腊肉在羌人称为猪膘，是羌族祖辈相传下来的特色食品，在羌区的高山、半高山，每年都会制作。猪膘不放盐以及其他调料，只将猪的头、蹄、排骨剔出，分割后挂在通风处烟熏便可。因此，我每到一户人家，都会留意他们挂在房梁上的羌腊肉。在我看来，猪膘的多少，或多或少能看出这家人的收入状况。

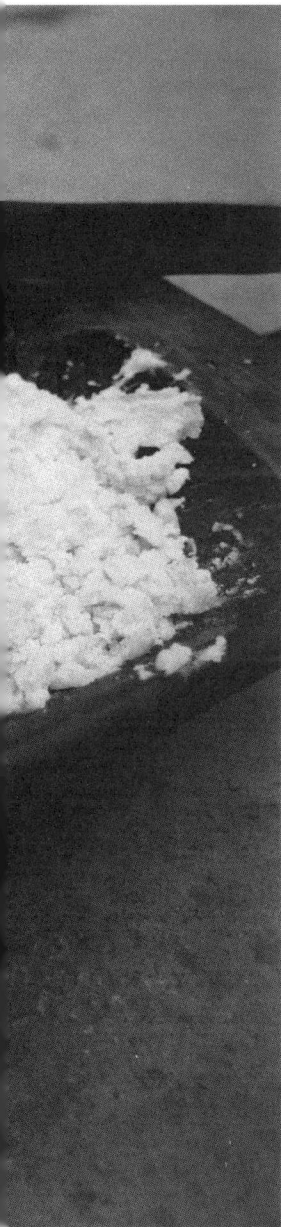

拍摄手记

龙溪羌区，洋芋糍粑是一种比较普遍的食品。用这里种植的洋芋制成的洋芋糍粑特别糯，就像酒米一样，味道很香，是羌区独有的一种名小吃。羌人把洋芋煮熟后剥皮，待洋芋冷了后，随即在石头制成的石器中捣成泥状，可做成条状或是原子状，放入酸菜汤中食用。2006 年 2 月，在杨贵生家中，我第一次品尝到这样的美味。

拍摄手记

2006 年 2 月,我带上摄影器材,沿着山路前行,途经汶川神树寨后便进入了山林。这里的植被非常好。行走在山林中,蜿蜒的河水顺着山沟缓缓流淌。有一些地方没有路,只能跨河通过。经过两小时的行程,终于到达了夕格寨。在释比杨贵生老人家中住下。

第二天,老人便为我们准备了当地有名的小吃——洋芋糍粑。洋芋糍粑据说只有在这里才可以品尝到。

拍摄手记

羌族有首山歌唱道："不唱山歌心不安，不喝咂酒心不宽，不栽林木哪有梁，不推麦子哪来面。"从这山歌不难看出咂酒是羌族地区比较喜欢的自酿酒，是在重大节日以及平常接待客人都不可或缺的一种佳酿。咂酒以青稞、大麦为原料，煮熟后拌上酒曲放入坛内，以草覆盖酿成。饮时，先向坛中注入清水，再用细竹管吸饮。亲朋贵客来后，大家轮流吸饮，吸完再添水，直到味淡后，再食酒渣，俗称"连渣带水，一醉二饱"。羌人以酒敬神，认为神人共饮，酒里会含有神的力量。

拍摄手记

2002 年 11 月，我再次来到了理县蒲溪寨。当到达寨子时，耳边不时传来阵阵鞭炮声。循声望去，远远地便看见一处羌房上聚集着不少的羌人，热闹非常。经打听才知道这是在举行新房建成仪式。于是，在这里亲历了羌人新房建成的喜悦与快乐。

按照羌人建房的习俗，在修建房屋时，在立架上梁和安门的这天，亲友和乡里乡亲都会前来祝贺、帮工。当房屋建成后，还会举行驱邪祈福的仪式。

在新房里，村民们跳起了萨朗舞蹈，
庆祝新房建成。

一羌族少女手拿对联走出新房。

在新房里，村民们欢聚在一起喝酒。

2006年2月，在汶川直台寨陈学平家中，这位朴实的羌人为我这位远道而来的朋友挂红，送上了祝福。

拍摄手记

羌族地区有一种特别的迎接客人的仪式——挂红。挂红一般使用六尺以上的红布或是红丝绸,挂红时遵循男左女右。据说,羌族的挂红是为了纪念羌族的祖先炎帝、燃比娃和无弋爱剑。本意是强调羌人对火的敬畏和崇拜。

羌族的挂红是羌人对远道而来的客人赤诚的表达,是主人盛情接待客人的象征。

2009 年 2 月，汶川垮坡寨。在祭祀仪式上，羌民准备为神树挂红。

2007 年 4 月，汶川夕格寨羌民为新修的祭祀塔挂红。

2008 年 8 月 14 日，
由于地震造成水源缺
失，汶川龙溪寨的村
民都会在寨子旁取水。

2013 年 2 月，汶川神树寨。

拍摄手记

2007年10月以前,汶川龙溪是不通手机信号的,至今也没有固定电话座机。因此,进入这个地方,手机也只能做摆设了。2007年5月,在直台寨的村口,村支部书记陈学平带领村民顶着烈日在挖掘移动通信的信号塔基脚。据说,为了修建信号塔,还把村口的几间房屋拆掉了。从陈学平及其村民的脸上可以看出他们对通讯的渴求。

2007年10月,汶川龙溪终于开通了移动通讯。这古老的塔仿佛仰天的长号,在发出古老而悠长的羌文明声音,而移动信号架的电波则在宣告现代文明介入了这片古老的土地。而我作为一个普通的摄影师,则用传统的胶片记录下了古老文明与现代文明的对话。

在羌区，自古以来都有跳羊皮鼓舞的习俗，这种习俗一直延续至今。羊皮鼓舞，在汶川一带称为"莫纳恩萨"，理县一带称为"布滋拉"，茂县一带称为"测拜举·苏得萨"。这是一种带有古老羌族遗风的、羌族所独有的舞蹈，主要在祭祀活动如还愿、求雨、占卜、丧葬、驱鬼避邪以及节日等活动中进行。2007年4月，汶川阿尔寨。

拍摄手记

在茂县曲谷乡，每年的正月初五都会举行一种传统的节日"狩猎节"（羌语"俄苴"，也称为"男人节"），这一节日已经流传了千年。

2009年正月初五，我有幸亲历了这一盛大的节日，用镜头记录了羌人在"5·12汶川大地震"后举办的第一个"俄苴节"。

"俄苴"产生于氏羌社会和游牧时代以前的原始部落社会，已有几千年的历史了，最初源于古羌人狩猎活动，由于当时的羌人生产生活主要是以狩猎和采摘果子为主，成年的羌族男人承担着家庭重任——狩猎。因而，狩猎节也被称为男人节。

羌族男人们拿起弓箭进行射猎比赛。

在德高望众的赛首带领下开始祭祀神塔仪式。

在赛首的带领下，在蔡祀塔前上香敬神，举行祭神议式。

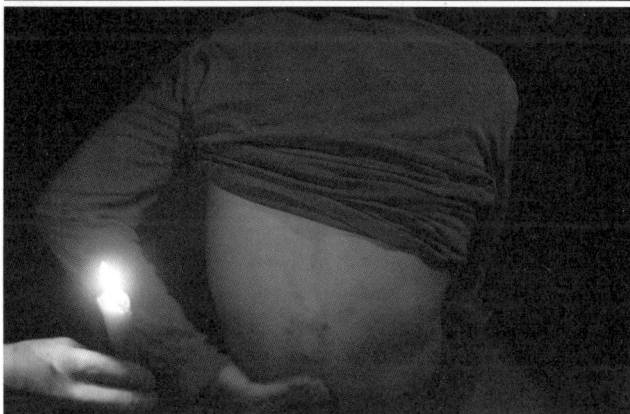

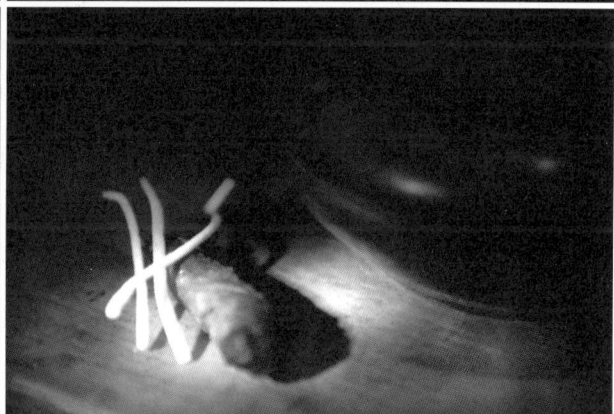

拍摄手记

在汉川龙溪羌区，我有幸认识了一位羌族医生朱宗富。五十多岁的朱宗富有着家传的医术，独特的拨灯火医术更是让人叫绝。这种拨灯火与我们平常在汉地见到的拨火罐不同。拨灯火用的是灯草，而用药则是朱宗富用家传的秘方配置而成的，对风湿病及跌打损伤等有着特别的疗效。从医三十多年的朱宗富，对寨子里的乡亲前来治病都是免费的，给寨子里的乡亲们就医提供了极大的方便。

拍摄手记

2010 年 1 月，在茂县三龙乡河心坝村，我见到了闻名已久的羌笛制作传人王国亨老人。尽管素不相识，当老人得知我从成都远道而来后，用羌族特有的热情接待了我们。在老人家里，当我提起羌笛的传承时，老人便用他质朴的话语讲述着羌笛的由来与今后的发展，并现场给我们吹响悠悠的羌笛。羌笛旋律美妙，从充满羌韵的曲调中，我感受到了羌族文明的远古回响。

从"羌笛何须怨杨柳，春风不度玉门关"的诗句中，我们可以感受到羌笛在世人心中的位置。羌笛是羌族最具特色的民间乐器之一。据传，是秦汉时游牧西北高原的古羌人发明的一种吹奏乐器。每当羌族人在欢庆丰收、过年过节、劳作休闲之余、年轻人谈情说爱的时候，用羌笛来表达情感。

王国亨的儿子在学习吹奏羌笛，希望
长大后能够子承父业。

王国亨在演示羌笛吹奏技法。

拍摄手记

推杆是在羌区广泛流行的一种竞技活动，有着上千年的历史。推杆在羌语中又称"无勒泽泽"。羌人用一根长约3～5米、有小碗口粗的木棍或竹竿制作推杆。推杆的中部系有一根布带为标记，比赛的场地没有限制，在比赛开始前，将划定界限，标记则与中线相对应。开始比赛后，守方紧紧握住杆子一端。攻方手持另一端用力向前推动杆子，若将守方推出中间标线一步，则获得胜利。2009年1月，摄于茂县曲谷乡。

羌族的"围棋",棋子是十二块石头和一根小木棍。石子在五行五列组成的方格活动,木棍在三角形内活动,石子将木棍逼入三角形内为胜。

羌族的体育活动是多样的,其中翘翘板便是其中之一。这种比赛是在翘翘板两头拴上红绳,抽出线头置于比赛者的脚上。在规定的时间里,以比赛者弹跳的高度来决定胜负。2009年1月摄。

2010 年春节，在茂县曲谷乡的狩猎节上。人们围在一起，只见一个强壮的羌族汉子正在进行一种民间体育活动——举石。当他举起重重的石头时，围观的人们不断地为他喝彩。据说这种源自羌族民间的体育活动分为举石担和举石块。石担是用一根坚硬的杂木在其两端各固定一块石饼制作的。羌族汉子在举石的时候，还会有一些花样比如翻、抛、滚等动作。

拍摄手记

2005 年 11 月的一天,汶川直台寨举行了一个传统的羌族婚礼。于是,我做好了前去拍摄的准备。

多年前,我拍摄过成都郫县一个乡村的婚礼。典型的农村婚礼风俗,让我感到了地域变化带来的婚俗的不同。

这是第一次前往羌族地区拍摄传统的婚礼。对我一个外族人来说,无疑充满了好奇与神秘。带着这份特别的心情,我踏上了前往汶川龙溪的路。

整个婚礼进行了两天,我也用镜头记录了这样一个特别的民族婚礼。整个仪式在我看来复杂而有序,庄重而朴实。

2008 年“5·12 汶川大地震”后,直台寨被毁,这里的村民也迁徙到了他乡。

在新娘出嫁前，新娘的朋友前去新娘闺房热闹。

羌族结婚仪式中“花夜”最为隆重，一般在娶嫁的
前一天晚上举行。这天晚上会有很多乡邻前来朝贺，
把新娘并不宽敞的家挤得满满的，充满了欢声笑语。
男方办的叫“男花夜”，女方办的叫“女花夜”。

头戴红布的新娘出嫁。

迎亲队伍在唢呐声中显得格外喜庆。

送亲的羌族女孩手捧羌绣。

当进入男方家门时，释比会在家门口做法事，
口云："天地开张，新人到此，大吉大昌……"，
"东方一朵青云起，南方一朵紫云开，两朵腾
云接成彩，新人下轿迎进来。"

何清松夫妇新婚合影。

当迎亲队伍到达男方家门口的时候，男方家的姑婆、姑母、姨婆、姨娘等，手里端着酒在等候，为前来参加婚礼的亲朋好友敬酒。

男方家举办的正宴，参加婚礼的亲朋好友聚在一起好不热闹。

拍摄手记

汶川直台寨何清松夫妇是我一直在拍摄的羌人之一，用镜头记录了他们在一段时期的变化，他们的家庭成员也由两人到一个四口之家的幸福家庭，从居住在高山的直台寨举行的传统婚礼到5,12地震后搬迁到邛崃居住，尽管在经历了灾难，这对夫妇仍然用他们的勤劳收获着属于他们的甜蜜，2010年1月，当我在新居见到何清松夫妇时，何清松对我说，虽然离开了祖辈生活的羌区来到新的地方，开初有一些不适应，但是，他相信通过自己的努力，也会给这家带来美好的生活。

2007 年 10 月,汶川直台寨村民何清松夫妇已经有了第一个孩子。

2009 年 5 月 8 日,汶川夕格寨、直台寨的羌民迁到了邛崃。在邛崃由于新房尚在修建中,于是,他们开始了大约一年的板房过渡生活。在何清松家里,我见到了夫妻俩,这时候又添了一个小儿子。

2010 年 2 月,何清松夫妇已经搬进了新房。新房很宽敞,两层楼,有房间四五间,房间里摆放着崭新的家具,两个孩子也大了。在新房门口,我再次按下了快门。从心里祝福他们的生活越来越甜蜜。

2010 年 1 月 30 日,在新居前何清松夫妇在生活做准备过年的东西。

拍摄手记

2006 年 11 月，在汶川阿尔寨，羌族青年余志刚、马晓燕举行了传统的婚礼。这是我第二次拍摄羌人的婚礼。婚礼在男方家里举行，前来祝贺的亲戚、朋友也不少。婚礼热闹而简单，但是，仪式与我第一次拍摄的有所不同，婚礼虽然简化了一些礼仪，但羌族婚礼重要的符号性仪式还是保留了下来，比如释比在新房前用法术驱除鬼魔，祈祷新人吉祥、为新人挂红、坝坝宴等。

羌族青年余志刚、马晓燕在新房。2006年11月，
汶川阿尔寨。

神龛前点燃香蜡拜祭祖先，蜡烛旁边摆放着月亮、
太阳馍馍。2006年11月，汶川阿尔寨。

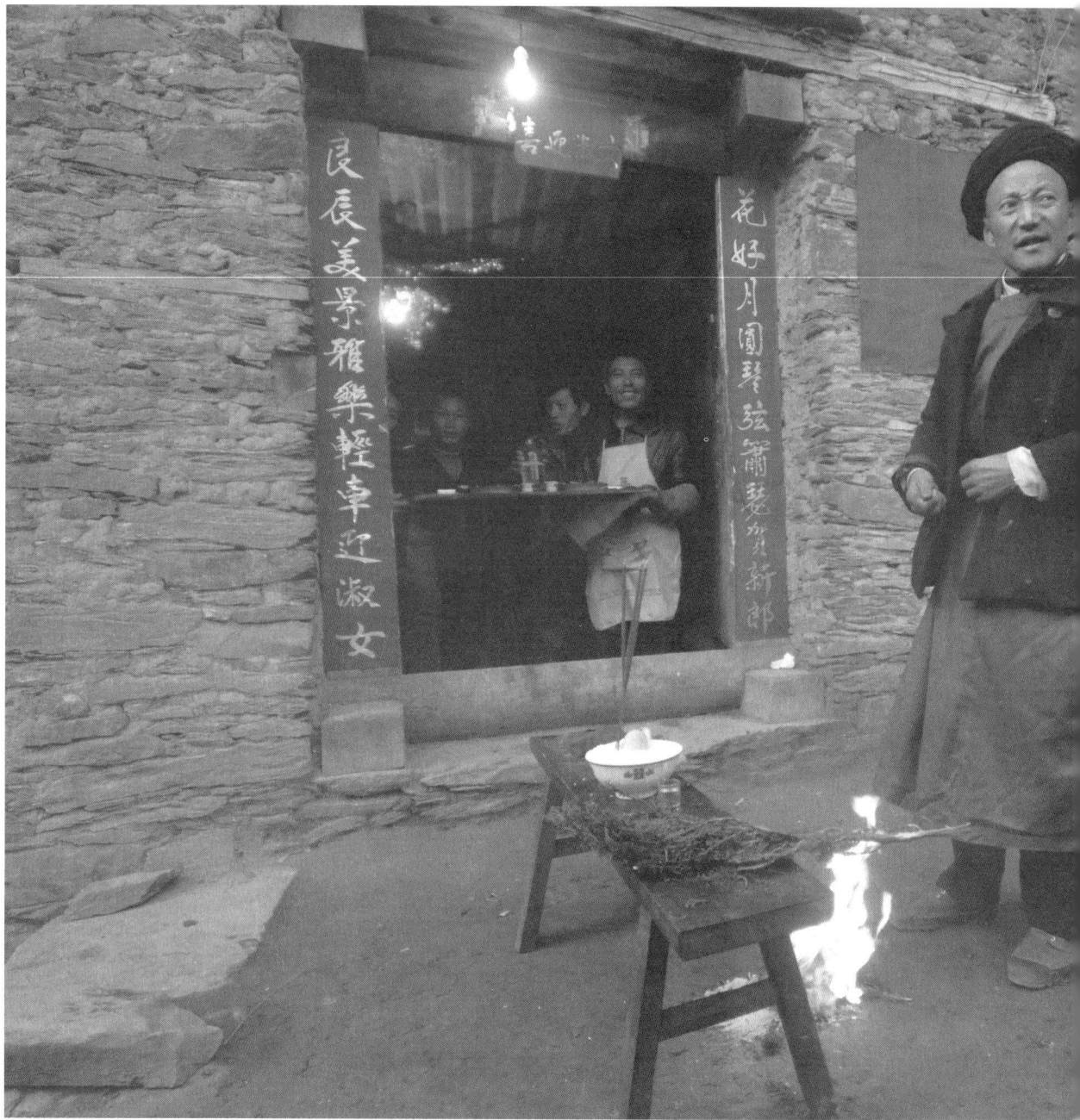

拍摄手记

羌族的婚礼充分体现了羌族万物有灵的信仰。羌族重今生，不重来世，注重过
好这一辈子，对于死后的事情则考虑不多。因此，父母对子女的婚姻大事就非常重视，
都会倾尽全力办好子女的婚事。这不仅是面子问题，更是自己对家族宗教义务的反映。
羌族的婚礼整个过程繁琐复杂，包括了说亲（开口酒）、"吃小酒"（定婚）、"吃大酒"（定
婚期）、成亲、举办男女"花夜"、出嫁和迎娶等过程。这种习俗如今在羌区保存较好。

释比在新房前做迎亲驱邪仪式。

礼房为母舅敬酒。

新娘掀起红布进新房。

拍摄手记

羌族葬式有火葬、土葬、水葬、岩葬、天葬和石棺葬等。火葬是传统葬俗,历史悠久。羌族有一套完整的丧葬仪式。纵观古今,随着时代的发展,丧葬仪式从形式到内容既有承弃,又有发展,形成了反映各个时代的内容丰富的丧葬文化。《后汉书》载:"羌人死,父母耻悲泣,皆骑马歌呼。"《旧唐书》载:"老而死,子孙不哭,少死,则曰天柱,乃悲。"这些习俗大都还保留于现代羌区。

2010 年 12 月，汶川白家夺寨的一位杨姓老人因意外不幸去世，家人为他举办了传统的葬礼。

2005 年 11 月，汶川老白家夺寨一位老人去世，家人为其举行传统的葬礼。

拍摄手记

2005 年 11 月的一天，在汶川老白家夺寨举行了一场隆重的传统羌族葬礼。在这里，我的内心和镜头感受到了一个民族对逝者的尊重。

送葬队伍行进在山村道路上。

拍摄手记

2010 年 1 月，茂县永和乡一白姓老人去世，家里人为他举办了隆重的葬礼。这让我再次感受到了羌人对逝去生命的尊重与哀思！这个葬礼也是按照羌族传统的仪式举办的，整个葬礼举办了整整三天！

家人跪在路边迎接送葬祭品，显示出对老人的追思。

释比手持法器举行仪式送别已故老人。

2008年11月,"5·12汶川大地震"后,我第二次来到了龙溪羌区。布兰寨 已经毁于地震,在废墟中我试图寻找曾经的美丽。当我走到一处垮塌的羌房前,一位羌族妇女正坐在羌房上制作传统的羌绣。这情景让我感受到了在大灾大难面前,羌人的坚强与自立。这也许就是羌民族代代传承的民族精神。

拍摄手记

2008年11月下旬,"5·12汶川大地震"后,我第二次来到汶川龙溪。布兰寨已经今非昔比,昔日美丽的寨子早已沦为了废墟。走在一片废墟中,可以看到倒塌的房屋下仍然有一些平时的生活用品散落在废墟上。寨子里的羌民住进了临时搭建的帐篷,新修的房屋尚未完工。此时,我的脑海中不断浮现曾经的布兰寨,心情也变得沉重起来。突然,在寨子的尽头传来了羌人的声音,有说有笑。顺着声音走去,一幕让我心里感动的场景出现在我的眼前。原来,在垮塌的羌房里,几个羌人正快乐地在准备过年的年猪。这些朴实的羌人看到我的到来非常热情,连忙沏茶。一打听才知道,他们今天宰杀的年猪在地震中尚在,因为没有新房,所以只能在废墟中进行。看到这些场景,我不由得佩服羌人的坚强!

"5·12汶川大地震"让居住在大山的羌人失去了家园。为了安全,他们不得已被安置到了汶川龙溪东门口的一块空地上,简易的帐篷成了他们暂时的居所。由于条件不是太好,因此,村民们用水就需要走出帐篷外取水。2008年8月摄于龙溪寨。

2008年8月13日,一大早我便起床跟随一周姓羌民前往汶川龙溪寨山上。沿着山路,垮塌的老寨、散落的石头随处可见。寨子已经变得满目疮痍,一些老屋只剩下依稀可见的大门,大门上的门神隐约可见。在一处山坡前,周姓羌民和一位下山的羌人聊天。

Chapter 4 / Holy shibi

第4章 / 神性释比

精神的行走可以是多种方向的，一如行者的行走，在固定的物理时间里，把精神和心理时间扩充得如此丰盈深刻！倒溯的镜头让我们温暖地饱满起来……

　　如此，我们的目光沿镜头的指引深入。

　　深入锅庄，追溯远古的日子，探求一个民族文化发展的幽微。

　　深入锅庄，你就深入一个民族特有的秉性、气质与风骨。你就会看见，炽烈的生命仍在火焰之上炽烈，沸腾的生活仍在火焰之上沸腾；烟火中的守望，马背上的爱情，炊烟里的沐享，都一一悬挂在岁月的额角。

　　口弦，似画眉的婉转，如相思鸟的缠绵。声声口弦，从羌家少女桃花瓣一样的嘴唇中飘出来，就是羌人积攒千年最淳朴的民风。

　　举过头顶敲响的羊皮鼓，落在岁月的回声嘹亮而清晰。那是羌人敲打着太阳和月亮前行，追赶着幸福。

　　羌家绣女的巧手裁剪云朵织就了云纹鞋，天堂便不再遥远。穿上这蕴涵古老神谕与殷殷冀望的云纹鞋，天堂人间也便天涯咫尺。

——易逐非

Like a traveler, our spirit can travel in different ways to enrich mental time in limited physical time. With the lens going back to the past, we refresh ourselves.

Thus, the lens guide us to return to that days.

When join in the Guozhuang (a kind of dance around a bonfire), we can date back to the old days to discover the development of the culture of the Qiang.

When join in the Guozhuang, we can learn the nature and qualities of the people; in the dancing fire, we can see the flaming lives still flaming, the boiling life still boiling. The expectation in the fire, the love on the horseback, the enjoyment in the smoke from the chimney, are all recorded in years.

As a sweet throstle, a tender leiothrix, the tune of Kouxian(a small reed instrument) comes from the petal−like lips of the Qiang girls, unfolding the simplist folk customs accumulated for thousands of years.

Following the sun and the moon, the Qiang move forward to chase for happiness. All the way, they beat sheepskin drums lifted high over their heads to leave the clear rolls of drums in years.

As the Qiang girls deftly embroider cloud pattern shoes, as the shoes implying the old oracle and heartly expectation are worn, the heaven will be near.

——Yi Zhufei

拍摄手记

在我看来，一个人需要信仰，需要精神的支撑，一个民族更是需要信仰。在我的镜头中，这些有着信仰的人们是幸福的，正因为有信仰。他们变得更加坚强，加自信。

同样，在我拍摄羌区的过程中，渐渐发现并理解这些羌人为什么信仰神灵。为什么面对神灵他们显得那样虔诚，那样诚实，不带一丝杂念。因为羌人心中是纯粹的，是有信仰的。他们信奉万物有灵，信奉神的存在。有了这些信仰，羌人历经几千年的沧桑，依然能够坚强地走到今天。

在羌人与神之间需要交流，需要沟通，承担起这个重要角色的就是释比。在汉族地区也叫端公，在羌语中称为"许"，尊称为阿爸许。他们是不脱离生产的宗教职业者，是羌人与神的连接者。释比精通巫术，懂得法事，能够熟记经书，是羌文明的主要传承者。

在多年的羌区拍摄中，我有幸认识并拍摄了在羌区赫赫有名的杨贵生、杨水生、朱光亮、朱金龙、余世荣等，拍摄了他们在祭祀上、在婚礼中、在葬礼中……主持法事的影像。这些影像如今显得异常珍贵。这些释比在平时与常人是没有区别的，与其他人一样参加生产劳动，没有任何特殊之处。但是，在祭祀仪式上，他们的神性顿时就显现出来了。身穿"许"的服饰，手持羊皮鼓、法铃，口中念着经，敲动着充满神性的羊皮鼓。在鼓声与咒语声中，释比已经不再是普通的羌人了。此时的他，拥有了无穷的法力，可以上刀山，下火海，驱除鬼魔，保佑羌民，强大无比。

2009年11月6日，释比余世荣敲响了羊皮鼓主持祭祀。这是阿尔寨在"5·12汶川大地震"后举行的第一个祭祀还愿仪式。此时的余世荣与平时判若两人，于是，神性的释比出现在我的镜头之中。

2007 年 4 月，释比杨贵生、杨水生、杨德德、王金安等人在祭祀塔前。

释比朱光亮是位平和的老人，早在几年前的拍摄中我就认识了他。图为2007
年的农历十月初一，老人在阿尔寨祭山还愿仪式上做法事。

拍摄手记

2010 年 2 月，在汶川垮坡寨举行了一次为神树挂红的祭祀仪式。这个仪式的主持人是在羌区很有名的释比杨水生。杨水生家在夕格寨，在龙溪乃至羌区一些重要仪式都会请他参加。他的释比文化学识较高，这是我在羌区第二次拍摄他了。

2008 年 "5·12 汶川大地震" 后，夕格寨迁到成都邛崃市。在新的地方，生活不那么习惯，老人总是很怀念家乡夕格寨。于是，独自携爱人又回到了夕格寨生活。

2007 年 7 月 23 日，在汶川羌锋村见到了在羌区很有名的释比王治升老人，老人向我们介绍了他的传奇经历。2009 年，王治升被评为羌年的国家级传承人，是现在羌区释比中年纪最大、威望较高、所唱经文最全的释比。

2007 年 5 月，理县曾头寨释比杨步山老人。

羌族释比的传承"传内不传外"。时任 16 年阿尔村干部的马永清是老红军释比马成林的房亲，于 1990 年 5 月，67 岁老释比将自己的释比文化传给了马永清。于是，马永清有幸成了老释比嫡传唯一弟子！ 2006 年 11 月摄。

2009 年 10 月，茂县永和乡。
释比杨艺德。

2007 年 4 月，释比朱金龙敲响羊皮鼓。

2007年4月，汶川阿
尔寨释比朱光亮在祭
祀仪式上跳起了古老
的羊皮鼓舞蹈。

2007 年 4 月，释比带领村民举行祭山还愿会。

2007年农历十月初一，汶川阿尔寨的祭山还愿节上，释比朱光亮用传统的法术——捞油锅祭祀山神。两个村民在地上升起篝火，在篝火上放置了一盆清油。当清油烧到沸点的时候，释比朱光亮便手拿一张草纸放入锅中。顿时，草纸瞬间燃烧，而朱光亮的手却没有一点烧伤，依然如故。

2006 年 4 月，汶川阿尔寨祭祀还愿节。这座古老的祭祀塔在 2008 年 "5·12 汶川大地震" 中垮塌。

在祭祀和做法事的时候，释比（也称为 "许"）使用的法器主要有 "布"（羊皮鼓、"算薄"）、"法印"、"猴头"、"阿尔斯"（法铃）、"查比亚娃子"（神杖）、"吉勒卡匹"（法水瓶）等。
释比做法事的神杖，羌语意为查比亚木做的棍子，即神杖或神棍。长约 1.5 米，上端有一铁质或铜质的神像，神像头部之下悬有铜铃；神杖的下端有尖枪头，可以插入土中。用于驱邪、送魂、治病、跳神及战争，但祭祀正神时禁用。

2007年4月,在汶川夕格寨的一次祭祀仪式上,释比手持羊皮鼓,口中念着咒语、敲着羊皮鼓,在寨子的城隍庙遗址祭拜神灵。

2007年11月,释比在制作羊皮鼓。

古老的羊皮鼓敲响在龙溪，仿佛向世人传递着古老的羌文明。

2010 年 2 月，汶川垮坡寨祭山还愿仪式。

2007 年 10 月，在汶川阿尔寨的还愿仪式上，释比朱金龙为年青人举行了冠礼，也称为"成年礼"。据记载，早期羌区在举行冠礼时，将邀请家族、亲友参加，由巫师（释比）作法事。受礼的年轻人着新冠，巫师手持衫杆，上面有羌人始祖。受礼者下跪，巫师则将五色公羊毛线围在他的脖子上，以此代表始祖赠给的礼物。

2007 年 4 月 22 日，一场祭祀塔开光仪式在汶川夕格寨举行。杀签是祭祀活动中很重要的仪式。祭祀塔开光仪式上，释比杨贵生将一只长约 10 厘米的匕首直接插入一位羌民的舌头上，不留一滴血。我的镜头定格在杀签的那一瞬间。

2006年11月21日是羌历年。这天，汶川阿尔寨的释比余明海、朱光亮等人，一大早就开始准备羌历年的祭山还愿仪式。与往年不同的是，这是纯粹的民间祭祀活动。我用镜头记录了他们的虔诚与信仰！

释比朱光亮在做祭祀前的准备。

点燃香烛祭拜神灵后开始祭祀。

释比余明海在做法事。

拍摄手记

2007 年 4 月 19 日,好友余永清电话告诉我,汶川龙溪乡夕格古寨将在 4 月 22 日举行隆重的祭祀塔开光还愿会。这是个绝好的拍摄机会,我立即驱车前往这里。22 日一早,我们出发了。

夕格寨是一个不通公路的古寨。我们的汽车到达公路的尽头后,便开始了徒步前行。尽管只有不到 10 公里的路程,但是,山路的曲折和蜿蜒让行走变得艰难。两小时后,我们到达了夕格寨。

祭祀塔开光在寨子的一块四面环山的空旷地带龙潭坝举行。坝子上,寨子里的乡亲们已经穿着羌族服饰聚集在一起了,祭祀塔的烟火弥漫在空气中。

大约 11 点钟,祭祀塔开光仪式正式开始。只见头戴猴皮神帽,身穿羊皮褂与麻布长衫,佩有各种兽角与法器的释比(汉人也称为端公)杨贵生,左手拿着上坛羊皮鼓,右手拿着鼓槌,口中念着开光新塔神灵的咒语,脚步随着很有规律的鼓音,粗犷而有力地跳着一种神奇的巫步,走到祭祀塔前。

羊皮鼓声极具穿透力,在空旷的山野里回响。寨子里的人们皆用虔诚的心叩拜在地。

与此同时,在新塔的旁边,另一位老释比杨德德烧起了柏枝解秽,接着便点燃了香腊在新塔内请神安置塔神(白石神)的神位。

在羊皮鼓声中,在柏枝的清香中,在释比杨贵生的咒语中,作为一个外来的摄影师,也被这样的情景所感染,被这样的圣洁仪式所撼动。镜头的快门声便成了我此时心情的最好表达。

在这样的氛围中,两个身强力壮的羌族汉子牵出了一头羊。杨贵生释比便开始给这只羊做法,口中念念有词。我想这便是羌族释比文化中的精髓吧。只有释比才能也才会做这样的法式和巫术,因为释比是羌族文化的传承者。

在释比的做法过程中,羊开始发抖。不一会儿,羊便不能动弹了。据说这是神灵降服了这只羊。

这时候,几位强壮的羌族汉子便开始杀羊祭神。

开光祭祀也随之进入了最为神圣的时候。他们把羊的耳朵割下来敬山神,并为新塔挂红。

村民杀鸡祭神。

祭祀塔前摆放的祭品。

释比给用于祭祀的羊做法事。

将祭祀后的羊耳朵放在祭祀塔并挂红。

羌民们跳起羊皮鼓舞。

拍摄手记

2006 年 2 月，在汶川龙溪夕格寨，释比杨贵生做了羌族传统中的"踩红铧"。我也用镜头记录了这一充满神性的法事。

在神龛前，杨贵生开始做准备，找来了几枝松柏、一叠厚厚的纸钱，以及三支香。在点燃了松柏枝后，又用松柏枝的火苗点燃了手中的香。

杨贵生手持香火，在神龛前站立着，口中念念有词。之后老人跪下来，神情严肃地面对神灵叩头。在进行了敬神与请神仪式后，杨贵生又回到了火塘边，右手持一支点燃的香，左手端着一碗清水，然后将香灰撒入水中。一面口念经咒，一面仔细观察着水面的变化，开始"水卜"，看"踩红铧"能不能做。按照羌族释比的观念，判断事物成因、变化，人生吉凶祸福，只有运用表达神意的占卜问卦的方法，依据占卜的结果请各方神灵佑福，进行法事。不一会儿，"水卜"的结果让他很放心。他又拿了些纸钱，在火塘上点燃，将燃烧的纸钱全部撒于火塘之中。

杨贵生从墙角拿出一铁铧头，放入火塘中。火塘边的杨贵生边吸兰花烟边聊着天。半个小时过去了，原来乌黑的铁铧已变得通红发亮。

这时候，杨贵生站了起来，口中念起了咒语，将烧红的铁铧举到嘴边，伸出舌头，在铁铧上飞快地舔了一下，"**嗞嗞嗞**"的声响从嘴边传了出来。脱下布鞋，又抬起一条腿，用脚在铁铧上来回踩踏。

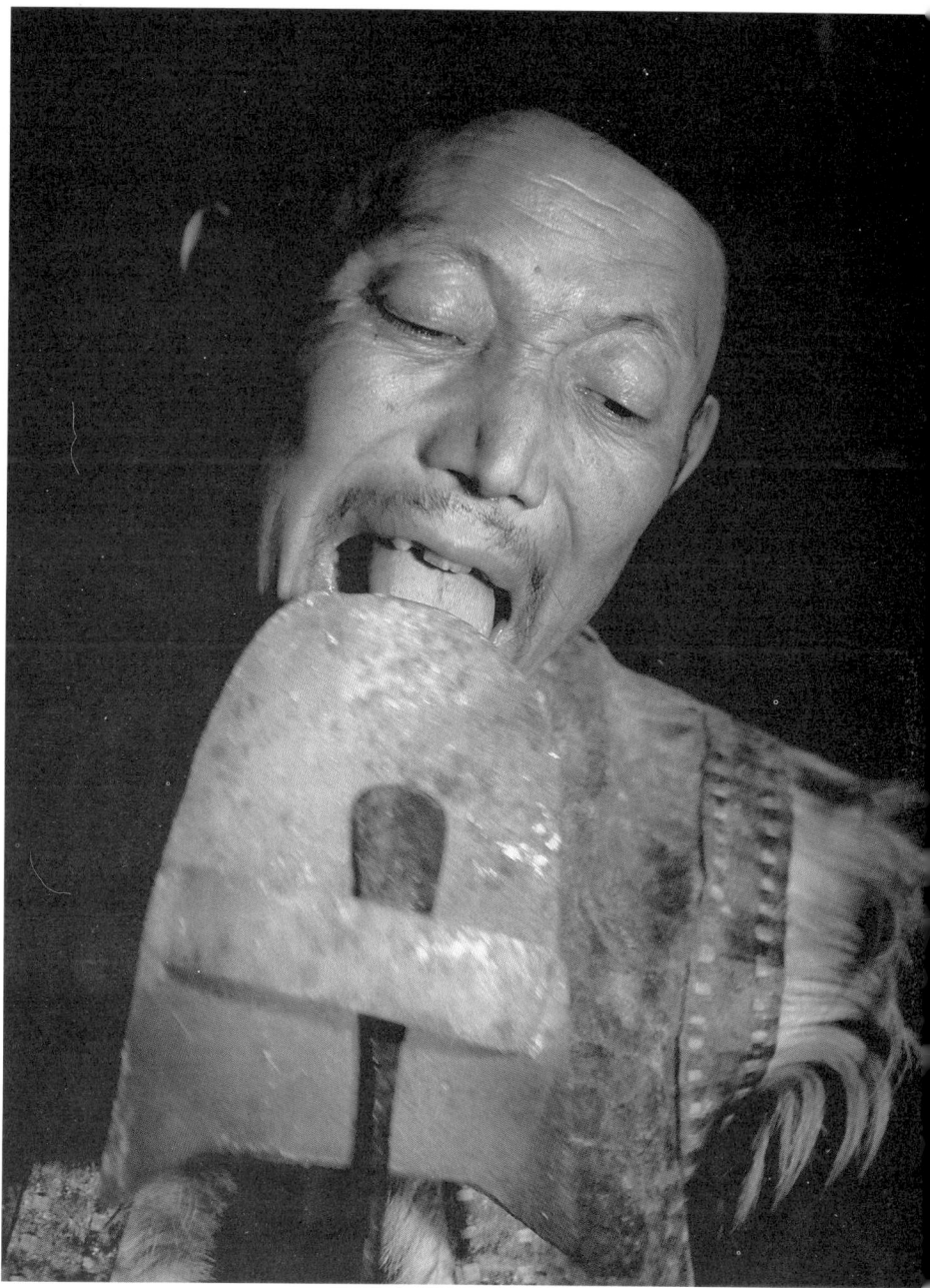

释比杨贵生用舌头舔烧红的铧头。

释比在神龛前烧香祭神。

一块生铁在火塘中烧得通红。

释比化神水。

拍摄手记

踩红锅是羌族释比驱邪治病的又一种方式,

2006 年 2 月。在夕格寨的一座羌房里,我见证了释比杨水生的一次法事——踩红锅。

踩红锅是羌族释比的一种古老而悠久的法事。据说能够做这样法事的释比如今不多了,杨水生便是其中之一。

这天晚上,释比杨水生在家里的火塘上支起了一块生铁。生铁在熊熊的大火中渐渐变得通红。与此同时,释比杨水生在一旁敲响了古老的羊皮鼓,口中念颂起《下坛经》。这是在请山神、火神等神灵。过了大约 30 分钟后,释比杨水生将三个白色的纸堆放在烧得通红的生铁上。在大火的烧烤下,白纸没有丝毫变化。

随后,释比杨水生脱下鞋子,光着脚从通红的生铁上踏了过去,这样来回几次。释比杨水生的脚没有一丝损伤。之后,他又用脚踏在一位羌人的背上,据说这是在治病。在进行完这些仪式后,他又敲响了羊皮鼓,念着咒语开始送神了。

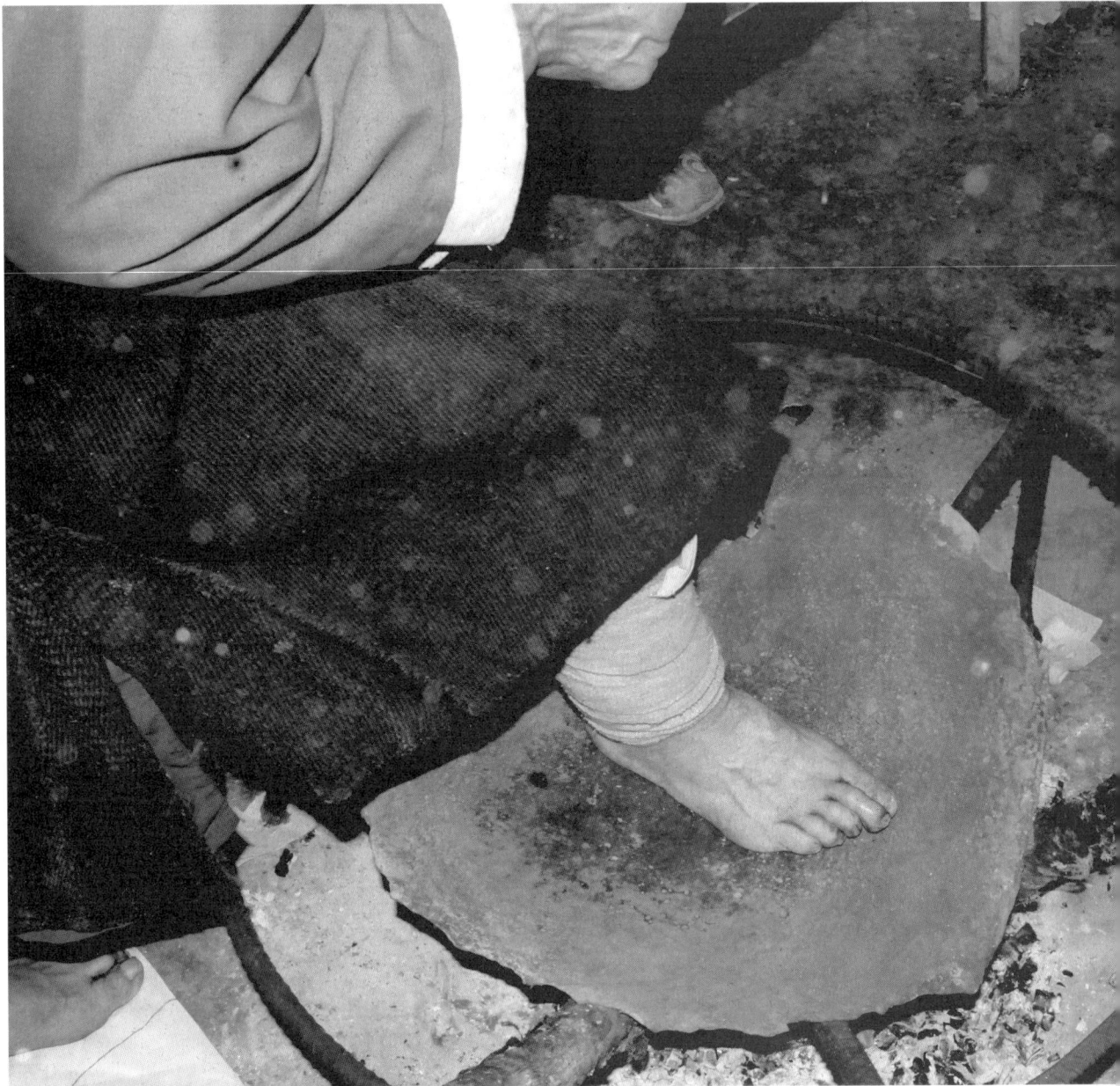

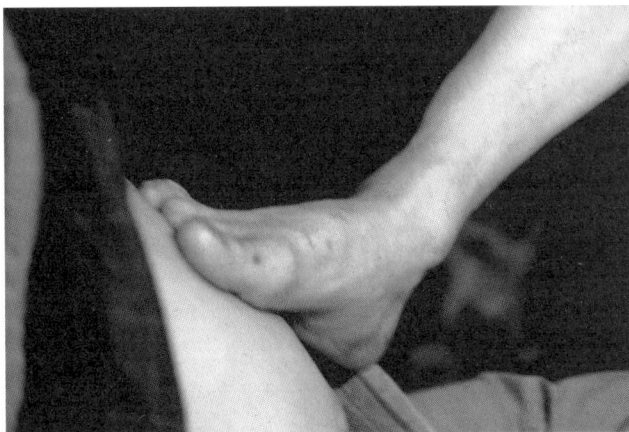

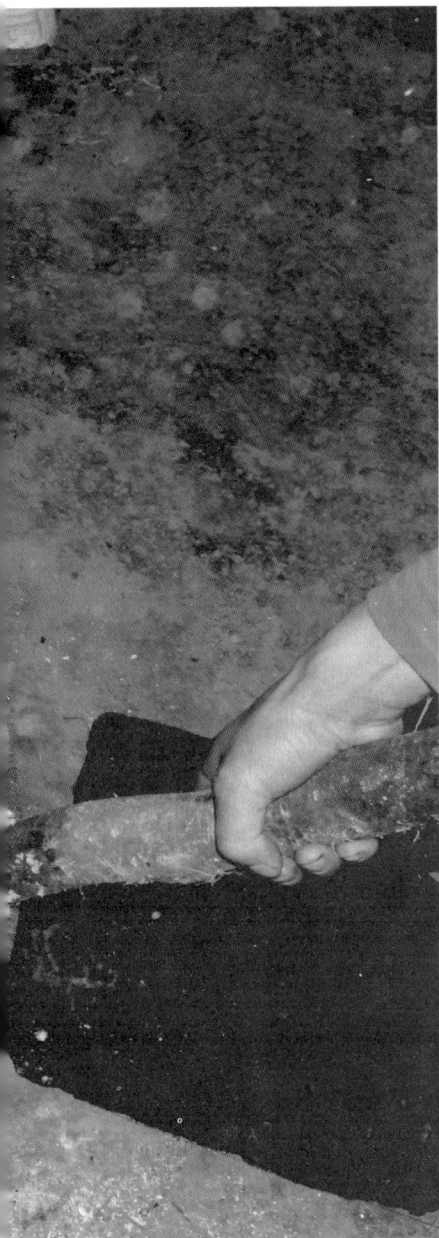

释比杨水生赤足踩上烧红的铁锅。

释比用踩过铁锅的脚治病。

释比为法器解秽做洁净仪式。

释比敲响羊皮鼓送神灵。

拍摄手记

2007年4月的一天，我在汶川夕格寨见到了羌区的释比王金安。晚上，一位羌人因身体不适，来到了释比王金安家中，请他为他祛病。于是，王释比用传统的法事——耍链子为这位羌人治病。

王金安不紧不慢地开始了法事。在祭拜了神灵后，便将一根长约一米多的铁链子放入了火塘中大约一小时后，铁链变得通体透红。

这时，王金安用手拿起发红的铁链在空中飞舞起来。几分钟后又将铁链绕在自己的脖子上，取下后在这位羌人的脖子上绕了几圈。

据说，在很久以前羌人治病都需要请释比做法事。耍链子是因铁链烧红后，有驱除鬼魔的作用。释比能舞弄烧红的铁链则说明其法力的巨大。

拍摄手记

2009 年 11 月 6 日。"5·12 汶川大地震"后，汶川
阿尔寨的羌民们举办了地震后的第一个羌历年祭祀还愿节。
这天，当地的村民早早地便开始祭祀前的准备，释比余世荣、
朱金龙成为这次祭祀仪式上的司仪。

拍摄手记

在羌区行走的数年中,我亲历了数次羌人的祭祀仪式,作为祭祀神灵的祭品——羊和鸡是必不可少的!

据资料记载,迄今为止,我国境内发现的最古老而又比较成熟的文字便是3000多年前殷商时代的代表文字——甲骨文。在甲骨文中唯一一个关于民族(或氏族、部落)称号的文字,即"羌",这是中国人类族号最早的记载。《说文·羊部》:"羌,西戎牧羊人也,从人从羊,羊亦声。"羌族的族名来自于甲骨文中的"羌"字,其含义是指西戎牧羊之人,有羊为图腾崇拜之意。

2009 年 11 月,释比在汶川阿尔寨的一次祭山还愿会上,用羊祭祀。

2009 年 8 月，在茂县松坪沟岩窝寨举行的祭山还愿会上，释比杨忠平手持法器，跳起了祭祀舞蹈。

Chapter 5 / Blood of time

第 5 章 / 光阴的血

仅仅一只镜头，真能接住历史的沙漏吗？能改写人类遗忘的本能和对渐逝时光的漠视吗？六年前（2008年）那一次剧烈摇晃、皲裂以至坍塌，又怎能只是一座座碉楼的痛？附着在碉楼上那些时光的血呢？那些文明的碎片呢？

　　我们说着古老，说着关于对古老的某种敬畏，也说着古老不复，血脉枯损的焦虑和忧患。而羌寨沉默，碉楼沉默，古羌人的背影沉默，古羌文化的表情沉默……

　　云端的栖息，足以拉近怀想与眺望的距离，升起在古羌人的心空的那一轮秦时明月，冷寂悲悯依旧；而萦绕的那一缕大漠孤烟，也苍凉悲壮依旧……只是，这样的怀想，这样的眺望，都只能在现世的冷眉中低回，瑟缩。

　　大道若水，古羌人还在坚韧地走着。羌笛，请为此再度吹圆岁月的年轮；苍山悲悯，古羌人还在逐水而居。山鹰，请为此捎回轮回的消息。将古羌图腾高悬在白石与羊头上，任时光茹毛饮血，终有醒着的觉者，引领我们虔诚地守护并膜拜我们的曾经，曾经的我们走过的这段古老历史……并让我们坚信，这将是永恒不灭的行走和继续……

　　如是，我们也当满怀敬意地接纳这行者徐献灵觉与良知的礼献！当你在这些图片和文字里，听见了心跳和呼吸，也便是作者高擎在灵魂之上的酒杯里，溅响的古羌文化温暖而饱满的回声。

——易逐非

Merely, through a single lens, can the hourglass of history be stopped? Can the ignored instincts of human beings be restored? Can the indifference to fading time be corrected? The destructive earthquake with shakes, cracks and collapse six years ago, was not only the painful experience of Qiangzhai, what about the traces left on Qiangzhai by time? What about the shattered pieces of civilization?

We always talk about ancient things to show reverence for them, we always talk about their non-replication to worry about the withered bloodline. But the Qiangzhai, the Qiangdiao, the figure of the ancient Qiang people, and the culture of them, are all in silence.

Inhabiting in heaven shortens the distance between memories and expectations. On the earth, the moon climbing from the Qiang's heart is still quiet; the lonely smoke in desert is still bleak. Nothing changed but these memories and expectations can only shiver in the earthly indifference.

The universe works as usual. Still, the Qiang people are on their arduous way, hoping the Qiangdi could bring the ancient time back to life; the mountain empathizes with the people inhabiting by water, expecting the eagle to bring back news of transmigration. Let the old totems hang high on the white stones and sheepshead, let the wild time return. Finally, there will be the awakened who lead us faithfully to protect and worship the old history that we experienced···and make us believe that our actions will last forever.

Therefore, we should tribute to the conscientious contributions made by the photographer, Xuxian. Among pictures and words, you can hear the heartbeats, feel the breath, which is a full echo of the Qiang's culture from the depth of its soul.

——Yi Zhufei

2006 年 2 月，汶川阿尔寨。

拍摄手记

著名作家、当代民间文化抢救保护发起者冯骥才指出："当代杰出的民间文化传承人是我国各民族民间文化的活宝库，他们身上承载着祖先创造的文化精华，具有天才的个性创造力……中国民间文化遗产就存活在这些杰出的传承人的记忆和技艺里。代代相传是文化乃至文明传承的重要渠道，传承人是民间文化代代薪火相传的关键，天才的民间文化传承人往往还把一个民族和时代的文化推向历史的高峰……"同样，对于一个有着古老文明发展历史的羌族，其文化也需要传承，民族文化的传承者就是他们的子孙后代。

在我看来民族文化的传承固然很重要，但民族后代子孙的繁衍也是很重要的。子孙后代是一个民族的未来，也是一个民族的希望。他们的繁衍生息除了生命的延续，更重要的还肩负了祖辈文化精髓的继承和发展。羌民在历经数千年的沧桑之后，终于走到了今天，那是因为有羌族的后代在不断传承羌文化。

因此，羌区的孩童便自然地进入了我的视线、我的镜头。从这些尚未懂事的孩童身上，我看到了一个民族的希望。这些孩童生活在山区，尽管物质生活不太丰富，但是，他们有自己特有的价值观念。我的好友余永清有两个孩子，儿子那年十五岁，女儿也上初中了。儿子比较聪明、胆大、调皮、真诚。我每次去拍摄，只要他有空在家，就会帮我背摄影器材前去拍摄。他在山路上行走的速度很快，累了也没有一丝的埋怨！

从余永清儿子的身上，我看到了羌民族的希望！

2007 年 4 月，在汶川夕
格寨的祭祀塔开光仪式
上，村里的孩童都来参加
这个仪式。在开光仪式上，
孩童们站在一旁，注视着
仪式的进行，而我的镜头
则关注到了他们。

2005 年 10 月，汶川阿尔寨村小的学生。

2007 年 2 月，汶川直台寨。

人们常说山里孩子懂事早，在龙溪羌区我深深地感受到了。羌区的孩子从小就懂得生活的艰辛，而要摆脱贫穷，就只有读书。2006 年 5 月的一天，在阿尔寨一处羌房前，两个女孩支起板凳和小小的书桌，在认真地学习，而我则小心翼翼地在一旁拍摄，生怕打扰了这些怀抱志向的孩子们。

2006 年 5 月，汶川马灯寨。

2001 年 12 月，理县蒲溪寨。

2006 年 5 月，汶川阿尔寨。

2009 年 4 月，汶川阿尔寨。

2002 年 11 月，理县蒲溪寨。

2007 年 10 月,在汶川龙溪乡白家夺寨的一块田地里,一个十岁左右的女孩进入了我的镜头。她一大早就随大人们开始卜地抢收白菜。在都市,十岁的小孩也许正在课堂学习,而在偏僻的羌区,这般大的小孩已经开始体验生活的艰辛。

2006 年 10 月,我来到汶川龙溪寨。在龙溪寨,我认识了在乡上教书的周老师,每次去龙溪我都会去周老师家中小坐。周老师一家非常好客、热情,因而,我也把周老师家当做自己在龙溪的一个不错的休息地。周老师有两个孩子都在县城读书,也许因为懂得教育的缘故,这两个孩子懂礼貌,善待人。在龙溪寨寨口的一棵大树下,我为他们拍摄了这张照片。

2007 年 2 月，汶川直台寨的孩童。

2006 年 10 月，汶川白家夺老寨。

2005 年 11 月，汶川阿尔寨。

2007 年 10 月，
理县木卡寨。

2005 年 11 月，汶川直台寨。

2007 年 4 月，汶川白家夺寨。

2008 年 4 月，汶川垮坡寨的孩童。

2006 年 2 月，汶川布兰寨古碉楼前，我远远地看见几个七、八岁左右的小孩在一起玩扑克牌，孩子们的身后是数百年光阴打磨的古碉楼。古碉楼、孩童、扑克……这些不同时代的符号同时闯入我们的眼帘。更让我惊讶的是，走进一看，孩们子正在玩斗地主。这种游戏在城里可谓是遍及大街小巷，但是在这样偏远的地方，见到这种游戏十分难得！

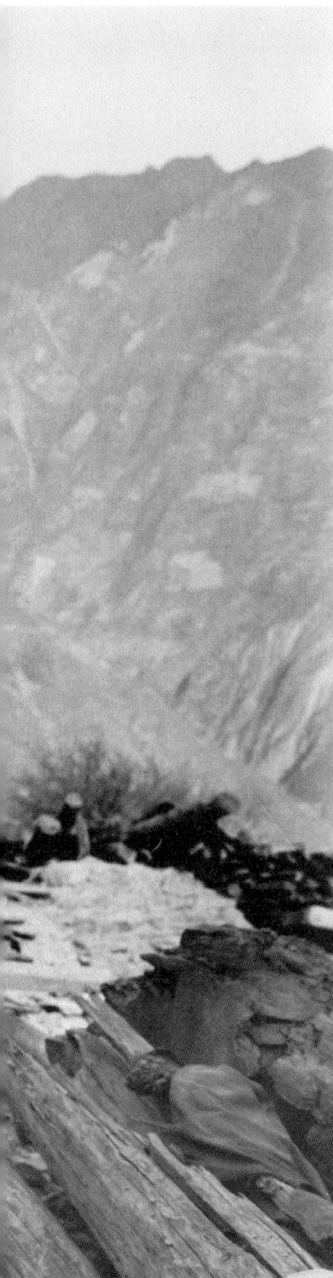

2008年11月下旬，在成为废墟的汶川布兰寨，后面的大山被地震撕裂，一位羌族妇女正在清理废墟中的物品，一个小孩在废墟上。

2008年11月下旬，在汶川布兰寨一处废墟，几名羌人正在宰杀年猪，准备过春节的食品。在这里，一位小孩天真可爱地在大人中玩耍。

2010 年 2 月，汶川垮坡寨。

后记

自从 2001 年冬季第一次进入羌寨后，我就被这里独特的文化气质深深地吸引了。于是，开始了拍摄羌区的行走，多年来以汶川龙溪羌区为重点，逐步延伸至茂县、理县等地。从对羌文明的肤浅认识，到如今内心对古老羌文明充满了敬仰，前后十余年的时间，我就像一个行走在羌区的行者，用自己的镜头记录羌区这段时期的点点滴滴。我试图用一种平和、平等、尊敬影像的态度去建立自己对羌文化的观看。也试图通过影像观看的方式，让更多的人去了解这个古老的民族，以唤起更多的人对羌民族更多的敬意。

然而，2008 年"5.12 汶川大地震"，使这个古老的族群受到了重创。家园被毁，羌人流离失所，甚至一些羌人不得不迁徙他乡。正因为这场史无前例的大灾难，世界知道了这个古老东方民族的存在，引起了广泛的关注。于是，羌族终于在经历大灾之后，以巨大的付出进入了人们的视线！

每一次灾难都会给一个民族的文明带来重创，羌族的文明在这场灾难中也无一幸免地受到了影响，特别是一些古老文明的载体正渐渐消失。在灾后重建的过程中，羌文明再次与当下的重建发生了碰撞，从羌族直观的建筑形态到羌族的文化核心，都不同程度地偏离了传统文明的羌。

作为一个摄影人，我有幸用镜头关注了羌族，并用胶片系统地记录了羌族同胞的生存环境、建筑、宗教、生活习俗等。在十余年的拍摄中，我深切感受到了羌民族在这个时期中的变化。文化的流逝，传承的缺失，习俗的改变，在当今全球化背景下，羌族的文明形态在城市化进程中遭到毁损。比如，羌族最为传统的建筑，在城市化进程中变成了现代钢筋混泥土。传统的火塘、神龛与灾后重建的房屋格格不入，几近消失。原本有着古老历史的羌房在样板工程中变成了统一的颜色；羌文化中最为核心的释比文化面临传承的延续，释比文化变成了大众娱乐表演，而非真正意义上的精神信仰。后继者的稀缺，羌文化的精髓在看似热闹的文化保护中正逐渐消失；一部分羌人离开了祖辈生活的羌区，迁徙到了他乡，生活环境的变化对其文明的传承影响更是巨大……这些点滴的失去，将会对羌文明造成重大而难以弥补的后果。

羌族的文化传承、羌人生活、宗教礼仪、建筑形态等，在世界的关注下发生了急剧变化，在发展的背后隐藏的是文明的失落。如今，走进羌族村庄，昔日的羌村景象不再，寻找具有传统文化的羌更加不容易，羌文明在当下渐行渐远。

今天，这本凝聚了我心血和众多友情的《羌寨》终于面世。在我看来，此书能够顺利出版，离不开朋友们的支持和帮助。如今，这一切历历在目——

在《羌寨》的拍摄中，我的好友、羌族青年学者余永清给予了我巨大的帮助，没有他无私的帮助，也许拍摄会更加艰难；在友人马千笑先生的帮助策划下，2008 年 7 月，由中国文联副主席冯骥才先生亲笔题字的个展——《羌地绝影——四川汶川龙溪羌区生活实录》，在成都宽窄巷子顺利举办，这次展览吸引了十余万人观展；友人、《神奇的九寨》歌曲词作者、羌族诗人、作家杨国庆先生以及作家聂作平先生为我的展览写下了精彩的评论；画家周雅玲女士在第一时间得知《羌寨》即将出版后，欣然提笔写道："摄影真正的难度不是技巧，而是发掘表象之下的内容。摄影家徐献自 2001 年以来，醉迷于古老的藏羌文化，将摄影器材作为心灵之画笔，在触动快门的一刹那间，心与境早已融为一体。于是，一幅幅独具藏羌魅力的人物之生活细节、一首首壮美古老的生命赞歌……便瞬间定格在你眼前。"……在此书的出版中，友人易逐非先生、张徐驰先生、同学王涛先生等都给予了极大的帮助；最后，我要特别感谢诗人、图书出版策划人席永君先生，没有他的全心努力和付出，此书将很难出版……

谨此，在《羌寨》出版之际，向所有关心支持和帮助我的朋友们致以诚挚的谢意！

徐献

2014 年 10 月，于成都。

Since the winter of 2001, the first time I enter the Qiang village, I was deeply attracted by the unique cultural temperament. So, I started filming Qiang area in travel. Start focusing on the stream Qiang area of wenchuan, and gradually extended to Maoxian、Lixian and other places. From the superficial understanding of Qiang culture, to the heart of ancient Qiang civilization was filled with admiration. More than ten years, I became a traveler, use camera to record the dribs and drabs in Qiang district. I try to use a attitude of peace, equality, respect to build my own watch of Qiang culture. Also tried to through the way of camera watching, let more people to understand this ancient nation, to attract more people' respect to Qiang nationality.

But "5.12 wenchuan earthquake" in 2008, made the ancient ethnic suffer from pain.Their homes were destroyed and Qiang people have been displaced, even some of the Qiang people have to migrate. Because of this unprecedented disaster, the world know about the existence of this ancient Oriental nation, caused wide attention. So, after great catastrophe, with great pay,Qiang nationality finally get into people' s line of sight!

Each time the disaster will be brought to a nation's civilization, civilization of Qiang in the disaster are also affected, especially some carrier of the ancient civilization are disappearing. In the process of post-disaster reconstruction, Qiang civilization and the reconstruction of the current collision happened again, from the Qiang intuitive architectural form to the core of Qiang culture core, deviated from the traditional civilization of Qiang to varying degrees.

As a photographer, I had a chance to use the lens focused on Qiang and use film system to record the Qiang people's survival environment, architecture, religion, customs, etc. In the film career of more than ten years, I deeply felt the changes in Qiang nationality in this period. Cultural heritage, is missing, the change of the customs, under the background of globalization, the Qiang people's civilization form was damaged in the process of urbanization. Qiang , for example, the most traditional buildings, in the process of urbanization becomes a modern reinforced concrete. Traditional fireplace, shrines, and reconstruction of houses, all but disappear. Had the history of the ancient Qiang room replace by in the example of government projects of uniform color. The most core than release part of the Qiang culture faces a continuation of inheritance. Interpretation than culture became popular entertainment, rather than a real sense of spiritual beliefs. Successors of scarcity, the essence of qiang culture is gradually disappear in the seemingly lively culture protection. Part of the life of the Qiang people left the grandparents, migrating to the country. The living environment of the change on its civilization heritage impact is huge... The lost, will have great and irreparable consequences for qiang culture.

Of cultural inheritance, Qiang people life etiquette, religion, architecture form, dramatic changes have taken place in the world's attention. Behind in the development is the loss of civilization. Now, walik into the Qiang village, the former Qiang village landscape no longer exist. Looking for more is not easy, traditional culture of the Qiang civilization more walk more far.

Today, the condensed my effort and a large number of friendship "QiangZhai finally appeared. In my opinion, without the support and help of friends this book would not be able to publish. Now, everything is in my mind .

In the QiangZhai filming, my good friend, Qiang youth scholars Yu Yongqing gave me great help. Without his selfless assistance,everything perhaps would be more difficult. With the help of a friend Mr Ma Qianxiao planning, in July 2008, by Mr Feng jincai, vice President of China federation of handwritten inscription solo exhibition -《the stream qiang qiang no shadow - sichuan wenchuan area life: a memoir》, successfully held in Chengdu Width Alley. The exhibition attracted more than 10 ten thousand people. Friends, "magic jiuzhai" song lyricist, Qiang poet, writer, Mr YangGuoqing and Mr NieZuoPing wrote wonderful comments for my show. When famous painter Zhou Yaling at the first time knew about QiangZhai forthcoming, writed: " real difficulty photography is not good skill, but the excavation of the facade of content. Photographer Xu Xian since 2001, was attracked by ancient CangQiang culture deeply, and the brush of the photographic equipment byt heart, touches on the shutter for a moment. So elegantly unique charm CangQiang character details of life, magnificent ancient life and praise... after instantaneous fixation in front of you." ...... In the book's publication, my friends Mr Yi Zhu Fei, Mr Zhang Xu chi, classmate Mr Tao wang gave me a great help. Finally, I especially want to thank poets, book publishing planner seats, Mr YongJun .Without his efforts, it will be difficult to print...

Hereby, on the occasion of the publication of QiangZhai,I express my sincere thanks to my friends for support!

XuXian
2014.10. ChengDu

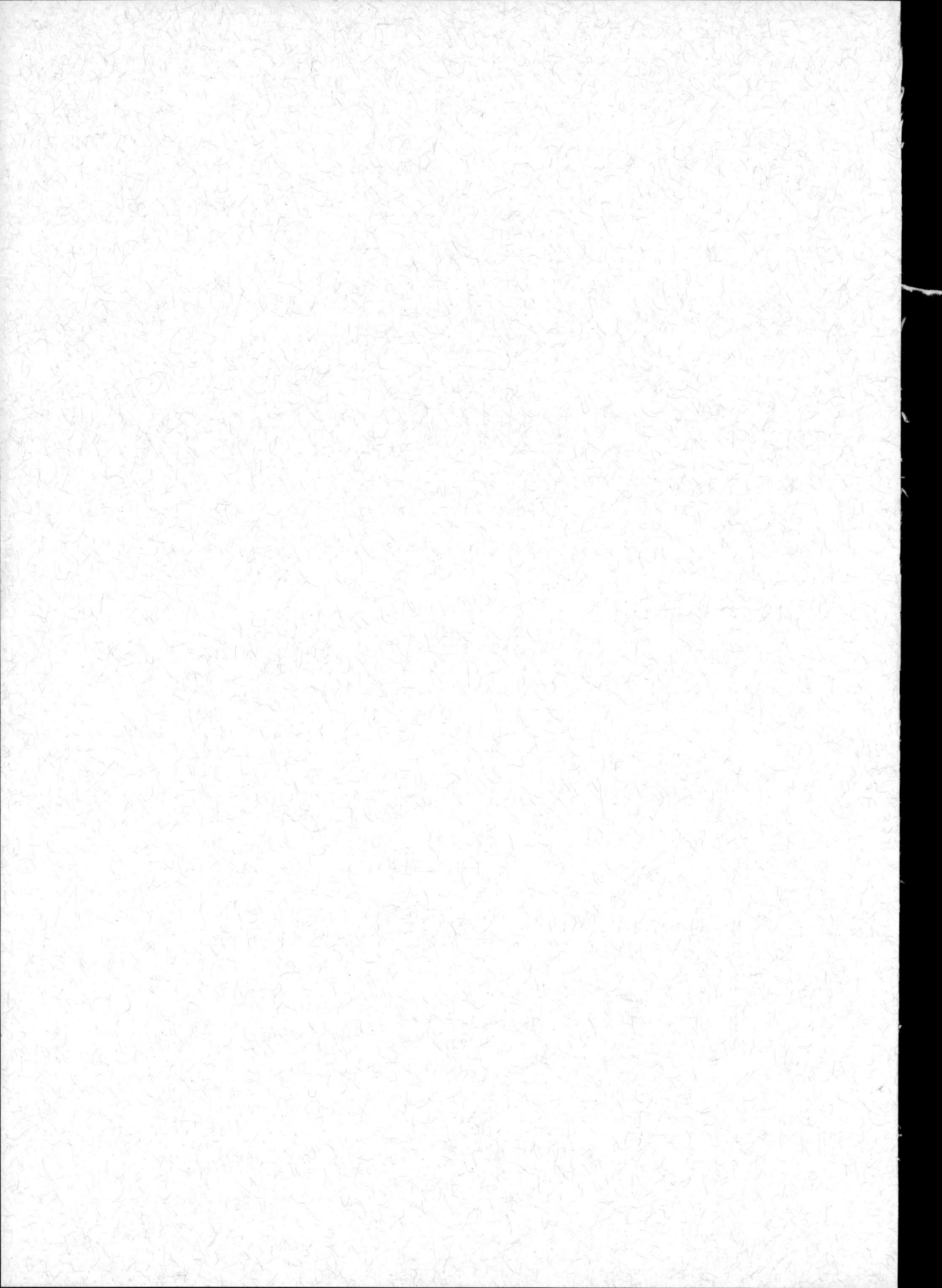